経済で読み解く地政学

経済評論家
上念 司

扶桑社

はじめに

安全と資産の防衛に必要な「地経学」とは？

いま、世界の在り方が徐々に変化しつつあります。

40年近く続いたデフレが落ち着き、少しずつ始まるインフレ。
コロナショック以降、進んでいった円安傾向。
ウクライナ侵略の影響で始まったエネルギー資源の枯渇。
台湾有事をはじめ、米中間で高まる緊張。
知らないうちに増えつつある、ロシアや中国のスパイ行為。

これらは、その予兆に過ぎません。

感度の高い読者のみなさんは、もうこの予兆から漂う不穏な空気に、何となく気付きはじめていることでしょう。

これまでの時代は世界中の資源や人材を自由に使い、新たな富を生みだすことが可能でした。だからこそ、私たちは遠く離れた国々の、安価な労働力を使って作られた商品を、安い値段で買えたのです。まさにグローバル経済の恩恵を享受してきました。

しかし、いま起こっている世界の行く先によっては、そんな私たちの従来の常識は大きく変化していくにちがいありません。その変化として、この数十年の間に世界の共通認識とされていた「開かれた交易」のルールが、もう通用しない可能性が極めて高いのです。

数十年に一度の大転換期と言える現在、誰もが今後の世界がどのように変化していくのか、興味関心を抱いていることでしょう。

では、これらの変化は一体なぜ起こっているのか。また、どのように変化していくのか。それらを理解する上で、必要な知識があります。

それこそが、本書でご紹介する**「地政学」**と**「経済学」**を掛け合わせた**「地経学」**です。

これまで世界のバランスは、さまざまな国の思惑や力関係が拮抗する中、成り立ってきました。それぞれの国がどんな行動原理を持ち、何を大切にしてきたか。それらを理解する上で必要なのが、19世紀以降に生まれた学問「地政学」です。

みなさんは、次のような疑問を持ったことはないでしょうか。

私たち日本を含む資本主義国家では、**「すべての国は独立性を保ち、自由で開かれた交易をする権利がある」**という大前提のもと、各国との経済を含めた交流を行っています。しかし、なぜロシアや中国といった社会主義の大国は、**「領土拡大のためには武力での威圧も辞さない」**というスタンスを取り続けるのか。

地政学は、この温度差や疑問を説明してくれます。

本書の第2章以降で詳しく解説していきますが、地政学では、**自由で開かれた交易を望む「シーパワー（海洋国家）」と、自らの領土をひたすらに拡大しようとする「ランドパワー（大陸国家）」**という二つの力の存在を指摘しています。

地政学の理論を学ぶことで、現在の世界情勢がなぜこのかたちになっているのか、また、国際政治の主要プレイヤーの意図、そして、今後の世界情勢がどのような動きで進んでいくのかを理解できます。

たとえば、現在の世界経済では、他国の資源や人的リソースを使って、世界中が一つのサプライチェーンとして分業を行うことが当たり前になっています。

しかし、これはソ連崩壊以降、長らく世界を分断してきた鉄のカーテンがなくなり、各国の自由な交易が可能になったからこそ。かつては他国とは隔絶していたランドパワーの代表国であるロシアや中国のリソースも使えるようになり、各国の分業が進み、経済はどんどん豊かになってきたという流れがあります。

そんな中、かつてのランドパワーの国々がグローバル経済を通じて経済力を蓄えたことで、再び「領土拡大」をはじめ、各所に戦争を仕掛け始めたのが、この十数年の出来事です。

かつては「領土拡大」と言えば、武力による制圧が一般的でした。ところが、互いに核を保有する核抑止下にある現代において、下手な武力衝突は、核戦争へのエスカレーションを招き、人類滅亡につながりかねません。

そこで始まったのが、より低強度な「戦争」としてのハイブリッド戦争です。その詳細については後述しますが、要は、武力を使った戦争から、経済力や情報力を駆使する戦争へ。そんなふうに時代は移り変わっているのです。

経済や情報を駆使した戦争は、日本に住まう私たちの身近ですでに起こっています。さらに、それらの戦争が経済や政治に与える影響も、顕在化しています。

直近の例で言えば、ウクライナ侵略以降、世界中の資源の流通が滞り、さまざまな経済活動に支障が出たことは、多くの方の記憶に新しいところでしょう。

だからこそ、従来の地政学に加えて、**新たに経済学的視点を加えた「地経学」を知ることが急務**になりつつあります。

この知識を知らないことには、投資の相場の予測はもちろん、自らがこれまで築いてきた資産や安全を防衛することはできません。いま、私たちに求められるのは、正しい知識を身に付け、影響力工作に釣られないこと。つまり、「民間防衛」を行うことなのです。

まず、第1章では、いかなるかたちで「戦争」が私たちの日常に入り込んでいるかをご紹介していきましょう。

本書が、みなさんの日常を守り、ご自身の資産や安全を防衛するために役立つことを、心より願っています。

目次

はじめに

第1章 日本人はすでに戦争に巻き込まれている

第2章

地政学とは何か？

第3章 地政学の最先端を探る！

第4章

権威主義大国・ロシアの情報戦とその未来

第5章 「地政学＋経済学＝地経学」とは何か？

第6章 日本経済を地経学で読み解く！

第1章

日本人はすでに戦争に巻き込まれている

戦争は対岸の火事ではない

２０２２年２月。ロシアによるウクライナ侵略が始まりました。

いまから２～３年前、まさかヨーロッパで戦争が起こるとは、誰も予想をしていなかったでしょう。

２０２３年６月現在でも、この戦争は続いていますが、その一方で、多くの日本人は「戦争が起こったといっても、遠い国の話。自分にはあまり関係がない」「自分が生きているうちに戦争に巻き込まれることなどないだろう」と思っているかもしれません。ですが、それはあまりにも平和ボケした見方です。

みなさんは「戦争」と言われた際、どんなものを想像するでしょうか？

武器を使い、敵兵を撃ち、敵地を占領する。父さん、こんな古いものを！

しかし、その認識は古すぎます。いま、そういう戦争は極めて限られた条件を満たしたときのみにしか起こりません。むしろ、私たちを取り囲む世界では、武力ではなく、情報や経済力を用いたハイブリッド戦争が、日々、起きています。

戦争には、次のようにいくつかの強度があります。

まず、**最も強度の強い戦争は、核戦争**です。仮に核戦争が起こった場合、人類は滅亡するでしょう。核戦争の次に強い段階は、**通常兵器による全面衝突**。その次が、一時的、かつ偶発的な**武力衝突**です。それより、レベルが下がると、国境の侵犯や国境のすぐ近くで演習を行うなどの**威嚇、北朝鮮によるミサイル発射**などもこのレベルになるでしょう。国境にスピーカーを置いて相手国の指導者の悪口を放送する**プロパガンダ工作**なども立派な「攻撃」です。さらに、軍事力を用いない場合は、**大使の追放、一般国民の入国制限や経済制裁**など幅広い範囲に及びます。

そして現在、世界で主流になりつつあるのが、最も強度の低い戦争である**情報戦争**（影響力工作）です。インターネット上で敵国の悪口の拡散や、相手の国にスパイを潜ませて工作するなどの情報操作が、もはや日常的に行われています。

なぜ、こうした事態が起きているのかというと、仮に核兵器を使って相手国を攻撃しようものなら、すぐさま反撃され、自国に核兵器を撃ち込まれてしまいます。核戦争に勝者なし。それどころか、人類が滅亡するリスクが極めて高い。それでは、いかに敵国に大きなダメージをもたらしても、意味がありません。

通常兵器による全面戦争も、それが発展すると核兵器の使用につながる危険性が非常に高いです。

たとえば、ロシアによるウクライナ侵略はいまのところ通常兵器を使った全面戦争です。なぜ核戦争にエスカレーションしないかというと、NATO（北大西洋条約機構）側も核兵器を持ち、ロシアとの間で核抑止が成立しているからです。双方がお互いのレッドラインを越えないように配慮しているからこそ、この戦争がポーランドなどの隣国に飛び火しないわけです。核抑止がなければ、とっくに第三次世界大戦になっていたことでしょう。

とはいえ、偶発的な衝突は、最初は局地的なものだったとしても、いつ通常兵器による全面戦争に拡大してもおかしくありません。それゆえ、周辺各国でお互いを監視し合い、万が一、偶発的な衝突が起こっても、防止メカニズムとして、各国首脳がお互いに衝突の意味合いを確認できるホットライン（専用回線）がつくられています。

実際、日本と中国の間でも、自衛隊と中国軍による偶発的衝突が起きないように、日中防衛当局間のホットラインが用意されています。

近年、中国海上警察のパトロールを装った船が尖閣諸島に来ており、海上保安庁ががっちり防御を固めていますが、大々的な衝突が起きないのは、究極的に言うと日本がアメリカの核の傘の下にいるからです。この核抑止があるからこそ、中国はある程度自制せざるを得ない。武力による現状変更はそう簡単にはできないというのが、戦後の国際政治の常識なのです。

ゆえに、武力以外の方法、たとえば相手国にとってネガティブなキャンペーンを通じて、相手国の内部を混乱させようとする「セコい戦争」に主戦場が移りつつあるのです。

ポケットの中の戦争はすでに始まっている

以前、情報戦と言えば、国境でスピーカーを使って相手国の悪口を言うとか、大手メディアの記者を抱き込んで自国に有利な記事を書かせる程度で収まっていました。しかし、情報化が進んだ現代では、ＳＮＳを駆使して自国にとって都合が良い誤情報を拡散したり、工作員やサイバー攻撃によって相手国国民の個人情報を盗んだり、政治家、官僚、軍人の弱みを握って脅したりする行為が繰り返されています。

つまり、ポケットの中にあるスマートフォン一台を通じて、私たちのあずかり知らぬところで、日夜戦争が勃発しているのです。

「情報ぐらい抜かれてもいいじゃないか」と考える方がいるかもしれません。が、その考えは非常に甘い。

情報戦の均衡が崩れ、相手国に一方的に情報を把握されると、「この国の弱点はここである」「ここを攻めれば安易に国は落ちる」と思われて、簡単に戦争へとつながるリスクがあります。極端な話、それが相手国の誤解であっても、相手国が権威主義国家の場合は攻めてくる。ロシアによるウクライナ侵略はまさにその誤解がすべての発端でした。

２０１４年のクリミア侵略以降、ロシアはドンバス地域の親露派勢力に軍事援助を続け、水面下でウクライナに対して、数々のサイバー攻撃を仕掛けてきました。

その中で、ロシアのＦＳＢ（ロシア連邦保安庁）が「２０１４年からウクライナは変わっていない。政治は腐敗しているし、軍隊も弱い。ロシアが攻め込めば３日で占領できる」とウラジーミル・プーチン大統領への報告書を書いてしまったことが、ウクライナ侵略の始まりだったと言われています。

その報告を読んで、プーチンは「ウクライナ軍は弱いし、仮に攻撃してもNATOは助けに来ないだろう。さらに、ロシアが核兵器を使うと恫喝すれば核戦争は起こるまい」と考え、通常兵器による全面戦争を考えました。

しかし、実際に戦ってみたら、ウクライナ軍は想定外に強かった上、NATOをはじめとする西側諸国がウクライナを支援する動きを見せたため、ロシア軍は大きく苦戦することになりました。そもそも、ロシア軍はプーチンが思っているよりずっと弱かった。あらゆる点でプーチンの目論見は最初から大きく外れていたわけです。

我々西側諸国から見れば理解不能にしか見えない侵略行為ですが、ロシア視点でこの侵略戦争を見ると、これは3日で終わる戦争でした。ロシア側は当初はハイブリッド戦争と呼ばれるような影響力工作を、ウクライナに対し行っていて、開戦当初は実際にロシア側に寝返るウクライナの地方政府の有力者や軍人がいたことはたしかです。それが過大評価でした。ところが、そんな過大評価、誤解であっても、権威主義国家の独裁者が真に受ければ戦争が起こります。

この事例を見ても分かるように、さまざまな情報戦の上、「敵の戦力は弱い」「あの国はこんなふうに攻めればすぐに落ちる」と思われてしまったら終わりです。敵は待ってくれません。一気に攻め込んできます。

だからこそ、情報の扱いに注意しなければなりません。中朝露に代表される権威主義国家は国家的なリソースを使って私たちのプライバシーを侵害してきます。**私たちは個人情報を守り、なおかつ、他国の流す偽情報に騙されないようにしなければなりません。これこそが民間防衛の本質です。**

これは非常に大事なポイントなので、ぜひ忘れないでください。

敵国に騙される「デュープス」になるな

他国の情報操作にハマって、間違った情報を植え付けられると、自分が意図していなくとも、結果的に敵に加担してしまう可能性があります。

みなさんは、有名な**「フーバーの5分類」**をご存じでしょうか。

これは、1958年からアメリカのFBI長官を務めたジョン・エドガー・フーバー（1895－1972）が、共産主義運動に関係する人々を、五つの段階に分けて分類したものです。

【フーバーの5分類】

(1)公然の党員(The card-carrying Communist)
(2)非公然の党員(The underground Communist)
(3)同伴者(Fellow Travelers)
(4)機会主義者(Opportunists)
(5)デュープス(Dupes)

まず、「(1)公然の党員」とは、その名の通り、自他ともに認める共産党員を意味します。我々が「共産党員」という言葉を聞いた際に、パッと頭に浮かぶのはこのタイプの人々でしょう。

続いて「(2)非公然の党員」は、自分が共産主義を信奉したり、共産党に所属していることを隠して、秘密活動に従事したりする党員を指しています。

「(3)同伴者」は、共産主義運動に積極的に参加はしないものの、共産党の主義主張にシンパシーを覚えて、協力する人々のことです。明確に共産党員を支持しているわけではありませんが、共産党員が掲げる反戦イベントや平和デモなどに、賛意を示す人々もここに含まれます。

「(4)機会主義者」は、利益を得る目的で共産党に協力する人々のことです。現代でも、ロシアのプロパガンダメディアの流す怪しい情報をおもしろおかしくYouTubeやメルマガなどで配信して、収益化している人々はこれに該当します。

最も潜在的に数が多いと思われるのが、「(5)デュープス」です。これは、直訳すれば、いわゆる「お馬鹿さん」という意味であり、共産主義勢力の流す誤った情報に扇動され、自覚がないままに利用されている人々を指します。

実は昨今行われているハイブリッド戦争で、最もターゲットになりやすいのが、このデュープスです。デュープスの弊害は、情報に惑わされることで、知らず知らずのうちに日本を混乱させる悪の手先の一員になってしまう可能性があるのです。

仮に、日本の社会を混乱に陥れたいとどこかの勢力が思った場合、彼らを煽り、国内の調和を乱すのが一番簡単な方法です。攻撃対象は、極端な考えを持った人、ナイーブな人、傷つきやすい人など、ちょっと神経を逆なでですれば感情的になってしまいそうな人です。

人々がデュープス化したせいで起こる弊害とは、具体的にどんなことがあるのか。

たとえば、現在、中国と台湾の間で緊張感が高まっており、近いうちに台湾有事が起こるのではないかと警戒されています。ウクライナに比べ、台湾は日本と距離が近い分、今後、緊迫感が高まっていけば、その影響はより大きなものになるでしょう。台湾有事は日本の有事です。

しかし、これを逆手にとって「台湾に攻め入った後は、日本も中国に攻撃される！　基地が狙われる!!」などとパニックを引き起こす目的で煽る人がいます。その主張をひっくり返せば「基地がなければ狙われない」ということになり、いわゆる基地反対運動を支えるロジックの一つになるわけです。日本国民が勝手に騒いで、侵略するときに邪魔な米軍や自衛隊の基地を閉鎖に追い込んでくれたら、まさに敵の思惑通りです。

現在の国際的な勢力図を把握し、何が国益か、国益でないかを知ること。そして、情報があふれる時代だからこそ、感情的に脊髄反射する前に考えることが大事です。自分にとってプラスとなる情報はどれなのか、自分自身がマイナスになる情報を拡散しないためにはどうしたらいいのかを考えること。これが、自らが「お馬鹿さん」にならないための最大の民間防衛だと言えるでしょう。

では、いま日本を取り巻く環境はどのような状況に陥っているのでしょうか。

個別の事例を見ていきましょう。

事例①
JAXAへのサイバー攻撃に加担した中国人留学生

2022年7月、警視庁公安部は中国人留学生だった王建彬（おうけんひん）容疑者に対して、日本へのサイバー攻撃に関与した疑いで逮捕状を取ったことを発表しました。同容疑者はすでに日本を出国していたため、国際刑事警察機構（ICPO）を通じて、国際手配されました。

「47ニュース」の報道によれば、王容疑者は12年前に来日。

彼は非常に優秀な留学生で、大阪市にある日本語学校では成績もトップ。卒業式には、代表としてスピーチも行ったそうです。卒業後は、大阪市内にある私立大の経営関係の学部に進学し、将来は日中貿易のビジネスに携わることを夢見ていたとの証言もあります。

しかし、そんな夢にあふれる留学生がサイバー攻撃に関わることになったのは、中国が行う民間人を利用した情報活動に巻き込まれたからです。

ことのきっかけは、王容疑者の元に人民解放軍のサイバー攻撃部隊「61419部隊（第3部技術偵察第4局）」に所属する軍人の関係者からの一本の連絡でした。

以下の「47ニュース」からの引用記事に、その詳細が掲載されています。

「日本のUSBメモリーがほしい」

捜査関係者によると、交流サイト（SNS）のメッセージを通じて最初に「依頼」があったのは大学時代だ。

依頼主はある女性。公安部の後の捜査で、人民解放軍のサイバー攻撃部隊「61419部隊」（山東省青島市に拠点）に所属する軍人の妻と判明した。

この女性とは、王容疑者が来日する前の勤務先の元上司から紹介され、知り合った。USBメモリー自体の郵送は、もちろん違法でも何でもない。王容疑者は依頼に応え、通販サイトで購入して中国に送った。引き換えに報酬を受け取ったという。

ただ、依頼はこれだけで終わらなかった。女性は、自身が軍関係者であることをSNSで明かさないまま、次第に依頼の内容をエスカレートさせていく。王容疑者が応じたとみられる「依頼」の中には、日本国内のレンタルサーバーを契約し、IDとパスワードを送った疑いも含まれる。

このサーバーは、2016年の宇宙航空研究開発機構（JAXA）など国内約200機関の機密情報を狙ったサイバー攻撃で使われた。攻撃では日本の複数のサーバーが使われ、その一つが王容疑者のものだった。日本のサーバーを経由することで、検知システムに不正アクセスと認識されにくくするためだったとみられる。

（「47ニュース」成績トップだった中国人留学生は、母国の〝依頼〟を断れずスパイ活動の「末端」に転落した　夢を持つ若者を引き込む中国軍の情報活動　日本へのサイバー攻撃関与の疑いで国際手配へ
https://nordot.app/913317573683445760?c=39546741839462401より引用）

この事件のポイントは、日本へのサイバー攻撃を手伝わされた王容疑者は、ただの留学生で、もともとスパイ行為とは関係のない人物だったことです。

記事内でも言及されているように、最初のきっかけであるUSBメモリーの郵送自体は違法でもなんでもありません。王容疑者がこの軍人の妻とされる女性と接点を持ったのは、前勤務先の元上司による紹介です。「元上司の知り合いであれば、むげにもできない」ということで、王容疑者も快く依頼に応えたのでしょう。

ただ、一般人を犯罪や諜報活動に引き入れるときに、最初は合法的な行為を頼むというのは常套手段です。

この一年ほど世間を騒がせている闇バイトなどの強盗事件にしても、最初は「これをあそこに運んでほしい」という簡単な依頼から始まり、徐々に内容がエスカレートしていって、気付けば違法なことをやらされていた……というケースが少なくないとされています。

この事件にしても、最初はただのUSBメモリーの郵送でした。しかし、王容疑者への依頼はこれだけでは終わりません。女性は自分自身が軍の関係者であることは明かさないまま、王容疑者への依頼内容をエスカレートさせていったようです。

その後、王容疑者は日本の会社で内定をもらったものの、健康上の理由から入社を辞退し帰国。その時点でも、軍人の妻との関係は続いていたそうです。

２０１６年11月には女性から指示を受け、王容疑者は架空の企業名や偽名を使って、都内の販売会社から日本企業のみを販売対象としたとされるセキュリティソフトを購入しようと試みます。これは中国人民解放軍がソフトの脆弱性（ぜいじゃくせい）を調べ、新たなサイバー攻撃を仕掛ける目的で入手したのではないかと考えられています。さらに、王容疑者は日本国内のレンタルサーバーを契約し、そのＩＤとパスワードを女性へと送付。このサーバーがＪＡＸＡ攻撃の踏み台に使われたようです。

２０１７年から中国で施行されるようになった国家情報法で、中国政府は自国民に対して情報活動の協力を義務化しています。素直に言うことを聞かないときには、親戚などを人質に取って一般の人にスパイをやらせるケースもあるとのこと。

王容疑者の場合はどうだったか分かりませんが、「国家に貢献しろ」と当局に言われて、工作活動の末端として使われた可能性も十分にあります。非常に残念な事態ではありますが、真面目な中国人留学生が、国家の情報工作に利用され、国際犯罪者になってしまうこともあるのです。

事例②
中国当局に監視されていた日本在住のウイグル人

中国当局が何かしらの弱みを利用して、一般人をスパイとして活用しようとした事件は、ほかにも確認されています。

２０２３年３月23日に配信された「ＪＢ ＰＲＥＳＳ」の記事「ウイグルの人権侵害、実名証言を続けるケバブ店主が受けた不気味な電話（https://jbpress.ismedia.jp/articles/-/74453）」には、日本に長年住み、ウイグル料理店を営んでいる在日ウイグル人団体・日本ウイグル協会副会長のハリマト・ローズさんに対して中国当局が行った接触に関する記事が載っています。

ハリマトさんは新疆ウイグル自治区タチンという土地の出身ですが、元は中国の建設会社で働いていたものの、キャリアアップのために２００５年に来日。東京電機大学大学院へと進学しました。

２０１２年にハリマトさんは中国へ帰国しますが、当時、ウイグル人への弾圧がより一層強まっていた中国では、ハリマトさんに対する監視行為が行われ、職場でも厄介者扱いされるように。その状態を見かねたハリマトさんの兄が「あなたは日本へ帰りなさい」とアドバイスしたことから、彼は家族とともに2016年には日本へ戻り、千葉県松戸市でウイグル料理店をオープンさせたそうです。

ただ、その後、中国政府によるウイグル人への監視がますます高まり、家族とはグループチャットで話すことすらままならない状態に。

2019年12月、ハリマトさんの妻の元に、ハリマトさんの兄から突然、電話がかかってきます。そして翌日には、ハリマトさん自身が兄と電話で話すことになりました。

約束の時間にテレビ電話を介して久しぶりに兄の姿を見ると、兄の顔は腫れあがっており、どこか様子がおかしい。

10分ほど会話した後、突然兄に代わって電話口に出たのは、中国の情報機関である国家安全局の身分証を持つ男性でした。彼は「兄を助けたければ、日本のウイグル協会に関する情報を流せ」といった内容を告げたとか。この申し出は、兄の命が惜しければ、スパイ行為をしろと命令しているのと同じです。

ここで断れば、兄に危害が及ぶかもしれない。でも、申し出を受け入れれば、ウイグル人の弾圧がさらに強まってしまうかもしれない。そう悩んだ末、ハリマトさんは男の要求を断ります。すると、その後、兄の携帯電話は不通に。

現在でもハリマトさんは中国当局の干渉を恐れて、母国へ家族の安否を確認することすらできていないそうです。


家族や親戚を人質に取って、一般人を脅して情報を抜き取ったり、何かしらのスパイ行為をさせるという手法は、中国当局のみならず、朝鮮総連も行っています。

在日三世の豊璋（ほうしょう）さんが書いた『それでも韓国に住みますか』（ワック）では、そんな朝鮮総連の実態が描かれています。

豊璋さんは、祖父が朝鮮総連の大幹部という出自を持ち、小さい頃から幹部教育を受けてきた人物でした。しかし、ご自身は北朝鮮を支える人材を再生産するような朝鮮学校の幹部教育に嫌気が差して、朝鮮学校を退学。現在では、韓国と日本を行き来する生活を送られています。

豊璋さん曰く、北朝鮮の悪行がこれほど広まっているのにいまだに朝鮮学校に通う人がいる理由は、ある種の「人質」問題だとのこと。現在朝鮮学校に通っている生徒の両親は日本で朝鮮総連関係の仕事をしている場合が多く、そこから抜けることができません。また、親戚縁者は帰国事業で北朝鮮に戻り、そのまま「拉致」されています。日本で生きていくためにも、親戚縁者の無事を図るためにも、自分の子どもを朝鮮総連に人質として差し出さなければならないことが多いとのこと。

なお、北朝鮮と日本の拉致問題も同様で、拉致被害者を人質に取ることで、北朝鮮は日本にさまざまな要求を突き付けています。全く同じ構図です。

自分たちの利益のためなら、脅迫や人さらいもすれば人殺しもいとわない。こちらの感覚では理解できないような行動を平気で取る。まともな感覚では決して相対（あいたい）せない存在です。だからこそ、彼らの行動原理について、我々が知っておく必要があるのです。

事例③
自民党・松下新平（まつしたしんぺい）参議院議員の愛人は、中国のスパイ？

近年、中国の違法な海外警察拠点が問題になっています。そして、これは日本も例外ではありません。

ドイツのＮＰＯであるセーフガード・ディフェンダーズの報告書によると、日本国内には少なくとも中国の秘密警察の拠点が二カ所はあるそうです。

以下、２０２３年４月に配信された「ＪＢ ＰＲＥＳＳ」の記事を引用します。

この中国の警察拠点は、日本にも存在している。セーフガード・ディフェンダーズの報告書で確認できるのは2カ所で、一つはホテルになっている東京都千代田区にある十邑会館と、もう一つは江蘇省南通市に関連する「出先機関」だ（報告書では場所はわからないと見られているが、福岡県にあると見られている）。

さらに問題なのは、千代田区の十邑会館を拠点としている日本福州十邑社団聯合総会は、日本の現役国会議員である松下新平（まつしたしんぺい）参議院議員を高級顧問に就任させていることだ。

十邑会館が紹介している2020年7月8日に行われた就任の「授与式」のリポートには、「7月8日下午、日本福州十邑社团联合总会高级顾问授聘仪式在东京十邑会馆顺利举行、现任日本自由民主党财务金融部会长、参议院议员松下新平先生受聘为我会高级顾问」とある。

翻訳すると、「7月8日午後、日本福州十邑社団聯合総会の高級顧問任命式が東京の十邑会館で滞りなく行われ、現自民党財務金融部長で参議院議員の松下新平氏が、高級顧問に任命されました」ということらしい。

参議院のHPに掲載されているプロフィールによれば、宮崎県選出の松下議員は、「自民党人事局長、自民党外交部会長、自民党財務金融部会長、参議院政府開発援助等に関する特別委員長、参議院政治倫理の確立及び選挙制度に関する特別委員長。参議院政治倫理審査会会長」と要職にある。そんな影響力のある議員が、日本にある中国の警察拠点に深く関係しているとなれば国民を不安に陥れるので、きちんと説明を行うべきではないだろうか。

（JBPRESS「日本にも拠点、国会議員とも〝接点〟もつ中国の「秘密警察」の知られざる実態」（https://jbpress.ismedia.jp/articles/-/74881）より引用）

また、『週刊文春』2021年12月23日号の記事によれば、松下新平議員は、中国系企業の東京支店長を務める女性を自身の外交顧問兼外交秘書にし、名刺や議員会館内を自由に往来できる通行証などを与え、パーティ券販売に関与させているそうです。

松下議員は、自民党外交部会長や国土交通政務官、総務副大臣、内閣府副大臣などを歴任。国会議員歴はすでに17年で、参院の入閣適齢期とされる当選3回を数え、次の「大臣候補」の一人とされている。

12月2日に行われた政治資金パーティでも、菅義偉前総理が駆けつけて、「応援していきます」と激励。岸田文雄首相はビデオメッセージで「これからの希望の星だ」と期待を示していた。そのパーティには約250名の参加者がいたが、多数の中国人が参加していたという。彼らのアテンドをしていたのが、昨年から松下新平事務所「外交顧問兼外交秘書」の名刺を持つ、中国人女性X氏だ。

「X氏は現在42歳。もともと、福建省の裕福な家庭で生まれ育ったそうです。北海道を拠点とし、帰化した元中国人が社長を務める帝王商事（仮名）というナマコ販売の専門業者に在籍し、その東京支店長です。最初は、同社の社長が松下さんに彼女を紹介したのです。

松下氏はX氏を気に入り、やがて彼女に外交秘書の名刺や、議員会館内を自由に行き来できる通行証を与え、事務所に頻繁に出入りさせるようになりました」

松下議員は夜な夜なX氏を同伴し、日本人支援者や、中国系企業幹部らとの会食を繰り返していたという。

「緊急事態宣言下でも2人で中国人社長のホームパーティに参加したり、地方までゴルフに出向いたりしていました」（同前）

松下氏とX氏の蜜月は、松下氏の政治活動に恩恵をもたらした。

「X氏はしょっちゅう中国人実業家らを松下氏に紹介しています。そしてその場でパーティ券を販売するのです」（松下氏の事務所関係者）

（『週刊文春』2021年12月23日号より）

事務所側は「この女性を無償のボランティアだ」と説明していますが、この女性秘書の給与を中国系企業が肩代わりしている可能性があり、政治資金規正法違反の疑いがあるとも記事では指摘しています。

記事を読む限り、パーティ券の販売をはじめ、松下議員は完全に中国から何らかの便宜を供与されているか、弱みを握られていると言われても仕方のない状況です。この点について国会議員としての説明責任を果たしているとは言い難い。自民党はこの問題をどう考えているのでしょうか？　続報が待たれます。

事例④
ウクライナ侵略は、日本で起こる可能性もあった？

2022年以来、世界中に大きな変化をもたらしたウクライナ侵略ですが、もしかしたら日本で起こっていた可能性もあった――。

そう聞いたら、みなさんはどう思われるでしょうか。

ことの発端は、FSB内部文書のリークです。同事件について言及した『Newsweek』の記事を、ご紹介します。


ウラジーミル・プーチン大統領が率いるロシアは、ウクライナへの大規模侵攻に着手する何カ月も前の2021年夏、日本を攻撃する準備を進めていた――こんな衝撃的な情報を、本誌が入手した。これはロシア連邦保安庁（FSB）内部告発者からのメールで明らかになったものだ。

3月17日付けのこのメールは、「Wind of Change（変革の風）」と名乗るFSB職員が、ロシア人の人権擁護活動家ウラジーミル・オセチキンに定期的に送信しているメールのひとつだ。オセチキンは、ロシアの腐敗を告発するサイト「グラグ・ネット（Gulagu.net）」の運営者で、現在はフランスで亡命生活を送っている。メールのやり取りをロシア語から英語に翻訳しているのは、米ワシントンを拠点とする非営利団体「ウィンド・オブ・チェンジ・リサーチグループ」の事務局長イーゴリ・スシュコだ。本誌は、同氏から全メールのやりとりを入手した。

オセチキンが公開した内部告発者のメールは、FSB専門家でオープンソースの調査報道機関ベリングキャットの代表のクリスト・グローゼフによって分析されている。グローゼフがこのメールを「FSB（現・元）職員の知人」に見せたところ、「FSBの同僚が書いたものに間違いない」という答えが返ってきたという。

オセチキンが3月に受け取った内部告発者からのメールには、2021年8月にロシアは、「日本を相手にした局地的な軍事紛争に向けて、かなり真剣に準備をしていた」と書かれている。このFSB内部告発者によれば、ロシアが攻撃相手をウクライナに変えたのは、それから何カ月も後のことだった。

「日本とロシアが深刻な対立に突入し、場合によっては戦争に発展する可能性はかなり高かった。最終的にはウクライナが選ばれた（シナリオ自体はそれほど大きく変わっていない）が、その理由は私が答えることではない」とメールには書かれている。

（『Ｎｅｗｓｗｅｅｋ』２０２２年11月25日「ロシアはウクライナでなく日本攻撃を準備していた…ＦＳＢ内通者のメールを本誌が入手」）

https://www.newsweekjapan.jp/stories/world/2022/11/fsb-1.phpより引用）

日本がロシアの侵略先として除外された理由はいろいろあったようです。端的に言えば、日本を攻撃すればアメリカが必ず戦争に介入してくるはずなので、諦めたという説が有力です。

なお、別の情報によれば、日本とウクライナだけでなく、フィンランドも攻撃の候補に挙がっていたとのこと。この計画が進んでいたのが２０２１年8月。その八カ月後にウクライナ侵略が起こっています。もしも日米安保条約がなければ、もしかしたらロシアから攻撃されていたのは、ウクライナではなく日本だった可能性もあったのです。

事例⑤
ロシアがSNS上で行っていたネガティブキャンペーンを分析

ロシア当局が行う情報操作は、日本にも及んでいます。

産経新聞の2022年4月9日の記事では、インターネットセキュリティ会社・Sola.comによる、ウクライナ侵略後にSNS上に飛び交うロシアやウクライナ情勢に関する投稿の分析が報告されています。実際に分析してみると、ロシア軍が侵略を開始した2月24日前後から全世界のSNS上で「ウクライナにアメリカの生物兵器研究施設があり、ロシア軍はそこを攻撃している」という情報が目立ったそうです。

もちろんこれは虚偽情報です。

ただ、これらの情報は少なくとも20以上のアカウントから発信されており、フォロワー数が1万人以上、中にはフォロワー数が数万人のアカウントも確認されました。

つまり、ウクライナ侵略前からロシア当局がTwitterなどでアカウントを作成し、全世界に向けて親ロシアへの影響力工作を実施していた疑いがあるわけです。

Sola.comの調べによれば、日本国内で「ウクライナにはアメリカが保有する生物兵器があり、ロシア軍はそこを攻撃している。だから正当である」という言説について、拡散された総数は900万件にものぼるとのこと。

そのほかにも、親ロシア感情を煽るために拡散されたと思われる、SNS上のデマが多数報告されています。

具体的な内容としては、

「プーチン大統領はバイオラボから世界を救った」
「新型コロナウイルスはウクライナの生物兵器研究所でつくられた」
「ウクライナ軍が市民を車両でひいた」
「負傷した人は俳優が演じている『クライシスアクター』だ」
「ウクライナ人の遺体が動いた」

など、ロシアの侵攻を擁護したり、ウクライナ国内でロシア軍が侵攻する動画を、ロシア側に都合がいい解説をつけたりして、事実をすり替えたものでした。

Sola.com曰く、このように親ロシアの印象を形成するアカウントには、一つの特徴が見られたそうです。

その特徴とは、トランプ大統領のディープステートとQアノンといった陰謀論を信じる傾向が強いということ。

陰謀論を信じるアカウントの投稿は、ロシアがウクライナを侵略する2月24日以前は反ワクチンに関するものが多く、ロシアのプーチン大統領についてはあまり言及されていませんでした。ところが、2022年2月24日以降は突然、ロシアを擁護し、ウクライナを批判する投稿が増加したのです。

東京大学大学院の鳥海不二夫（とりうみふじお）教授の分析でも、日本のツイッター上で「ウクライナ政府はネオナチ」という親ロシア・反ウクライナの投稿をリツイートしたアカウントの約9割が、過去に新型コロナウイルスワクチンに反対するツイートをリツイートしていたとの結果が出たそうです。

ロシアのウクライナ侵攻をめぐり、日本のツイッター上で「ウクライナ政府はネオナチ」という親露反ウクライナの投稿をリツイートしたアカウントの約9割が、過去に反新型コロナウイルスワクチン関連のツイートをリツイートしていたことが、東京大大学院の鳥海不二夫教授の分析で分かった。両者の親和性の高さが浮き彫りとなった。

鳥海氏は1月1日～3月5日にツイッターに投稿された約30万ツイートを調査。リツイートの傾向を①ロシアの侵攻について言及　②戦争に反対　③ロシアを批判　④「ウクライナ政府はネオナチ」などと主張─の4つに分類し、分析した。

分析によると、「ウクライナ政府はネオナチ」という主張は確認されただけで228ツイートあり、1万907アカウントで3万342回リツイート。1アカウント当たりのリツイート数は2・8で、他の3傾向（1・4～1・7）より多くなっていた。

さらに、4分類された傾向をリツイートしたアカウントの過去の投稿を分析したところ、「ウクライナ政府はネオナチ」という投稿をリツイートしたアカウントのうち、87・8％が反ワクチン関連、46・9％が米国の陰謀論集団「Qアノン」に関連する主張を過去にリツイートしていた。

鳥海氏は「物事の裏にある真実を知った、と思ったときには注意が必要。優越感をくすぐったり不安につけ込んだりする偽情報や誤情報も世の中には多いことを意識する必要がある」と注意を促している。

2022年4月20日 産経新聞「親露アカウントの9割、過去に反ワクチン関連ツイート 東大大学院教授分析」

https://www.sankei.com/article/20220420-JCFZ2YCNSBPWHDLLEES4UJKYA4/ より

ロシアによるウクライナ侵略とワクチン接種という直接的には関係のない二つの事象について、特徴的なツイートを拡散するアカウントが重なっている。陰謀論を拡散する人は、親ロシア的な行動をとる人が多いということがデータ上でも証明されたわけです。

これらの分析結果から何が読み取れるのか。つまり、親ロシア派を含むロシア側がウクライナ侵略以前から、日本を含む世界各国で敵対した際の情報戦に備え、政情不安を煽るために長期的にアカウントを育成していた可能性があるのです。

その際、ロシアの情報工作員たちが、「陰謀論を信じやすい」などといったツイートの傾向から、自分と同じような意見を持つユーザーの意見しか耳に入らない「エコーチェンバー」状態になっているアカウントを狙い撃ちしたとも考えられます。

事例⑥ 朝鮮学校に対するヘイトスピーチ？ 上念司のMBSラジオ降板騒動

さて、ここまでさまざまな事例に触れてきましたが、実は2023年2月に私自身がこの「情報戦争」に巻き込まれてしまいました。

端的に言えば「『朝鮮総連から在日の子どもや生徒さんの人権を守れ』と言ったら、いつのまにかそれをヘイトスピーチにされていた。そして、一切取材を受けていないのにそれが共同通信や朝日新聞によって記事にされていた」という事件が起こったのです。

いきなり言われても何のことなのか分からない……と多くの方は思ったかもしれませんが、私自身、いざ自分が渦中に巻き込まれても最初は何をされたのか全く意味が分かりませんでした。

事の起こりは、MBSラジオで2023年2月21日に放送された『上泉雄一のええなぁ！』での出来事でした。同番組に出演した際、私はどんな問題発言をしたのか。私がコメントした内容を正確に文字起こししたものがあるので、まずはこちらを事実として以下に陳列いたします。

（北朝鮮のミサイルが飛んできて、対策は？ という話の流れから……）

全然やることといっぱいありますよ。今回、日米合同訓練やりましたよね。報復でね。プラスね、朝鮮総連ですよ。朝鮮総連が資金源なんで、いろんな意味で。あの、リソース、お金のリソースもそうだし、人もそうだし、物もそこから出てたりする可能性があるので、朝鮮総連に対する監視を厳しくすると。これはねえ、あの、特にね、この手の独裁国家にありがちなんですけど、子どもを巻き込むんですよ。子ども。で、朝鮮学校という学校がまさにこの独裁者ね、金正恩を礼賛する教育をやってて、文化祭の出し物とか、金正恩首領様素晴らしい、みたいなのをやって、それで平壌までそれを見せに行くみたいなことをやってるわけですよ。これ、いいんですか、と。公的助成なんてとんでもない話だし。さらにここのOBがね、日本人の拉致に関わってたりとかするわけですよ、スパイ養成的なところもあったりとか、こういうの、やっぱガチで査察を入れたりとかね。いいんですよ、その、民族教育をやるのはいいんだけど、独裁者を礼賛したりとか、国民を苦しめてる奴を、素晴らしい指導者と嘘を教えるのは、さすがに違いませんかと。……こういう番組でもこういう話をできるようになったんで、本当にいいことなんですけど。朝鮮総連をきっちりと、そのマネーロンダリングも含めて、きっちりと監視、締め付けをすることと、朝鮮学校ね、子どもさんが巻き込まれてるので、この現実をね、みんなで考えてもらうと。

どうでしょう？　みなさんは、私の発言の真意はお分かりだと思います。

私が同番組内で行った批判は、「朝鮮総連は子どもをスパイ活動（工作活動）に巻き込むんじゃない！　日本政府はこの件についてしっかり査察を入れなさい」ということであり、在日朝鮮人の子どもたちや生徒たちを、北朝鮮の悪影響からしっかり守るべきだと主張しています。

しかし、この放送を聞いた在日本朝鮮人人権協会傘下の関西三団体から「上念のこの発言はヘイトスピーチである」と抗議が上がりました。でも、これをどう曲解したらヘイトスピーチになるのでしょうか？　全くもって理解に苦しみます。ちなみに、この三団体は国連から極めて劣悪な人権状況を批判されている北朝鮮については一切批判をしない謎の「人権団体」です。

このとき、MBSラジオは朝鮮総連の関連団体から抗議を受けて、「配慮が足らなかった」と謝罪しました。ただ、MBSラジオは私のコメントは事実であり、ヘイトスピーチには当たらないと合わせて述べています。要は「あの発言はヘイトスピーチだ」と言っているのは朝鮮総連に関係する自称人権団体だけでした。

その後、当該のコンテンツは削除され、私は同ラジオを降板することになりました。


ところが、事態はこれだけでは終わりません。

これらの一連の事実のうち、共同通信は私の発言内容は一切スルーして、「抗議があった、コンテンツが削除された」という部分だけつまみ食いして、記事を書き、拡散したのです。

当然、私は猛烈に抗議し、YouTube上に、取材せずに適当な記事を書く共同通信の報道態勢に抗議した動画をアップしました。

その後、人権団体がBPOに提訴するという続報が流れましたが、私の反論については一切、取り上げられることはありませんでした。なお、MBSラジオは当該コンテンツを削除してしまっていたので、共同通信の記事を中心に「私がヘイトスピーチをした」という情報だけが、拡散されていきました。

コンテンツの削除については、事前にMBSラジオから私のほうに相談があったのですが、先方の事情を鑑み、特に反対をしませんでした。ただ、追ってこのような事態が起こるのであれば、激烈に反対しておくべきだったと猛省しています。

繰り返しになりますが、私自身は、ラジオで「朝鮮総連が朝鮮学校を利用してスパイ養成的なこと『も』やっていた」と発言しています。

つまり、朝鮮学校のすべてがスパイ養成だなどと言った覚えはないし、民族教育だって否定していません。

日本国憲法では教育の自由を保障していますし、民族教育などは大いにやってもらっていいし、朝鮮語の学習もどんどんやってほしいと思います。

問題は、朝鮮総連とその影響下にある教職員です。

朝鮮人民を苦しめる独裁者を礼賛する教育や子どもたちを工作活動に利用する行為が問題だと指摘したに過ぎません。さらに、その問題を解決することが、北朝鮮に対するさらなる制裁強化につながる。在日朝鮮人の子どもたち、生徒さんたちの人権を守りつつ、国際秩序にも貢献できるなら一石二鳥だと思ったのです。

ただ、そんな私の意図は葬り去られ、私の発言はヘイトスピーチであり、上念司は差別主義者だという一方的な主張を既成事実化してやろうとする意図が透けて見えます。

本来、両方の話を掲載するべきですが、現在でも私に対する取材は一切なされないまま記事が掲載され続けています。これには、今後も強烈に抗議を示したいと思っています。

意外と知られていない朝鮮学校の実態

では、朝鮮総連が朝鮮学校の教職員、生徒、元生徒をどのように工作活動に使ってきたかという事実の一端を並べてみましょう。

【元教員、元生徒によるヘロイン密輸事件】

福井県小浜市から地村保志さんと浜本（現姓地村）富貴恵さんが拉致される3日前の昭

和53年7月4日、在日朝鮮人青年Aが成田空港で逮捕された。大量のヘロイン密輸事件だった。この事件は、広島朝鮮高校教員で朝鮮青年同盟県委員長でもあった金徳元という在日朝鮮人が計画したものである。Aの弁護人になったのが川人博・現特定失踪者問題調査会常務理事だが、川人弁護士によれば、Aは極めて真面目な青年だったといい、著書『金正日と日本の知識人』(講談社現代新書)にもその時のことが書かれている。

この事件は教員という立場を悪用したものである。金徳元は事件発覚後、全国指名手配されたが、逮捕されなかった。北朝鮮に密出国した可能性も考えられる。そして、Aと、金徳元の教え子でAにパスポートを提供した元在日の青年の2人に、すべての刑事責任が押しつけられた。

【現役高校生による現金密輸未遂事件】

北朝鮮の貨客船、万景峰号で修学旅行に行く朝鮮学校生徒に、朝鮮総連の新潟県本部事務所で中身を告げないまま現金入りのバックを持たせ、税関をノーチェックで通過させ船内で回収したこともあるといわれている。

（ＪＩＮＦ「公益財団法人　国家基本問題研究所」ＨＰ　国基研評議員 荒木和博「今週の直言」【第31回】朝鮮高校の無償化を許してはならないより
https://jinf.jp/weekly/archives/2710）

さらに、「現代ビジネス」に掲載された以下の記事では高校時代から工作員の卵として目を付けているという衝撃的な証言が引用されております。

【日本で生まれ育った若者が「北朝鮮工作員」にされるまで】

ある朝鮮大学校関係者はこう語る。
「在日の若者を工作活動に使うためには優越感をくすぐるのです。高校時代から『おまえは熱誠班だ、特別だ』と言われ、修学旅行で平壌に行くと、有能な学生が呼ばれて特別待遇を受ける。その学生には『俺は特別なんだ』という優越感が植え付けられます。でも、この優越感は日本社会では通用しない。
閉ざされた朝鮮学校で育ち、優秀だといわれた若者も、いざ日本社会に合流するとうまくいかない。差別を受けることもあるし、日本企業での熾烈な出世競争に敗れることもある。そういうときに、『じゃあ、北の社会で偉くなってやろう』という気持ちが芽生えるのも自然なことではないでしょうか」

一度は優越感にひたるよう仕向けられた若者が、日本社会の荒波に晒されて、逆に本国への忠誠心を高める。こんな現実が利用されるのだ。若者たちの心の動揺につけこむ工作機関の手法は、実に冷酷だ。私が取材した元北朝鮮工作員は、こうも話した。

「日本国籍を持ちながら、思想的にも民族的にも目覚めた若者は、北朝鮮の工作機関にとって宝です」

指導者の言うことをよく聞き、疑問を差し挟まない真面目な若者。利用されるのは、そんな青年たちだという。

(「現代ビジネス」2017年10月29日更新「日本で生まれ育った若者が「北朝鮮工作員」にされるまで」http://gendai.media/articles/-/53336より引用)

さらに、朝鮮総連の傘下にある朝鮮学校の教職員の中には、北朝鮮のエージェントとして活動している人物もいました。1980年6月に起こった原敕晁拉致事件（辛光洙事件）の実行犯の一人で、現在、国際指名手配を受けている金吉旭は大阪朝鮮初級学校の元校長です。

教職員がこれら重大な事件を引き起こしているにもかかわらず、朝鮮総連が教育への関与をやめたという証拠は一切ありません。いまでも北朝鮮の独裁者を礼賛するような教職員は少なくないと言われています。

私が必要だと思うのは、日本政府による朝鮮学校教職員に対するセキュリティークリアランスです。国際指名手配を受けるような人間が職員として紛れ込まないように、日本政府がしっかりと安全を保障し、在日朝鮮人の生徒さんが安心して通える朝鮮学校にしてほしいのです。

しかし、こうした意見に対して「誤解する人がいるからヘイトスピーチだ」などと批判されてしまう。どうにも納得いきません。誤解したほうが勝ちですか？　ロジックとして完全に破綻していると思います。

朝鮮総連が私をやり玉に挙げてきたことを見ても、国家的なリソースを持って一個人を攻撃するハイブリッド戦争が行われていることは間違いありません。

なお、朝鮮学校出身者である前出の豊璋さんも、次のように私の発言を擁護してくれました。

「前後の話をよく聞けば（読めば）、これは北朝鮮へのヘイトスピーチではなく、朝鮮学校に通う子どもたちを心配して発したものだと分かるだろう。北朝鮮が国家としてやっていることを非難した上で、朝鮮学校の子どもたちが工作活動に巻き込まれることを心配しての発言だ。

私も上念氏と同じように考えている。私は上述の通り朝鮮学校の出身だが、朝鮮学校問題について聞かれると『朝鮮学校に対する差別があるとすれば、それは朝鮮総連と関係者（大人たち）が子どもを盾に差別を作り出している』と答える。」

（2023年5月6日　ダイヤモンドオンライン「北朝鮮ミサイル発射で朝鮮学校の子どもが怖い思いをする現実、在日3世も悩む「ヘイト」問題」https://diamond.jp/articles/-/322346）

在日三世の方からしても、私の発言は何が問題か分からないとおっしゃる。差別だと言っているのは、北朝鮮とそのシンパだけです。朝鮮人への差別というよりは、北朝鮮、ひいては金正恩にとって都合の悪いことを言ってしまった。そのために見せしめとしてクレームをつけられたとしか思えません。

このように、ロシアや中国、北朝鮮による工作活動が日々行われているにもかかわらず、日本人は「平和」を謳歌しています。しかし、それは誤解です。そして、左派勢力、左派メディアはこのような「戦争行為」を問題視しません。なぜなら、左派勢力は北朝鮮や中国、ロシアを平和勢力だとみなしているからです。これはレーニンの『帝国主義論』から始まったナラティブ（偽情報）です。「帝国主義とは戦争で儲ける仕組み」なので、戦争は帝国主義国家によって起こされるそうです。アメリカは帝国主義国家なので、アメリカとその同盟国は戦争勢力。それに対抗する中朝露は平和勢力という「設定」になります。『帝国主義論』が書かれたのは１９１６年。父さん、こんな古いものを……。

しかし、実際に戦争を起こしているのは誰でしょう？　もうみなさんお分かりですよね？　権威主義国家のやり口を知らないからこそ、安易に情報戦争に巻き込まれ、敵の思うように扇動されている。

読者のみなさんはそうした事態に陥らぬために、次章でご紹介していく地政学の基礎を学び、自らの防衛に勤しんでほしいと思います。

第2章

地政学とは何か？

地政学を知らなければいけないワケ

平和な日々を送っている日本人からすれば、ここ十数年のロシアや中国の行動は理解に苦しむ点が多々あります。

なんでわざわざ個人攻撃する必要があるのか？
なぜ細々としたスパイ活動を行っているのか？
なぜ他国を侵略しようとするのか？

でも、彼らの行動が理解できないのは、あくまで我々が日本人の常識で考えているからです。彼らには彼らの常識がある。

もし、彼らが何を考えているのか、どういった思想のもとに行動しているのかが分かれば、その行動は不思議なものではなくなるし、むしろ彼らが次にどのような行動を取るかが見えてくるはずです。

理解できない権威主義国家の背後にあるロジックや、世界に対する物事の見方も地政学の基礎的な枠組みによって理解することが可能です。

泥棒から財産を守りたいなら、泥棒の気持ちを知る必要があります。泥棒の視点に立って、彼らは何が欲しいのか、何をしたいのか、どういう家は侵入しやすいと思っているのかを理解することで、防犯対策を講じられます。

それと同じで、今後、日本にとって脅威となりえる国々が、何を考えているのかを知ることで、私たちも彼らから自分の身を守ることができるのです。

第1章でもお伝えしたように、時代はすでにハイブリッド戦争。国家単位の戦場における戦いだけではなく、国家が一個人をターゲットにさまざまな攻撃を仕掛けてくる。あなた自身が戦争に巻き込まれる可能性が高い、いやすでに巻き込まれているかもしれない。

あなたが戦争に興味がなくとも、戦争はあなたに興味関心を持っています。

これを理解した上で、敵の出方を知るために地政学を役立ててください。

地政学は危険思想として排除された

「敵を知り己を知れば百戦危うからず」

これは『孫子の兵法』に書かれた一節です。

この教えを忠実に守るのであれば、私たちの住む日本という国の領土および国民の生命と安全を守るために、日本を取り巻く国々の意図を正確に把握する必要があります。

具体的には相手国の地理、歴史および世情を調べて分析し、これまで何を考え、今後、何をしようとしているのかを予想するということになるでしょう。

先ほど引用した『孫子の兵法』も、古代中国において地理と戦略と人間心理を組み合わせて、効率的に自国を有利なポジションに持っていくための方法論や考え方を記した書物です。実はギリシャやローマ、そして日本においても、古来より似たような戦略論は存在していました。そして、近代に入ってからこれらの学問体系をまとめたものを、「地政学」（Geopolitics）と呼ぶようになったのです。

ところが、第二次大戦後、敗戦国となった日本とドイツにおいて、「地政学は危険思想である」「戦争の原因になった」「トンデモ疑似科学だ」として社会から完全に抹殺されてしまいました。

以降、地政学は「日本を戦争に導いた愚かな理論」として批判的に研究することはあっても、まともな学問として研究されることはなくなってしまったのです。

その影響か、日本で地政学を真面目に研究している人物は数少なく、その一人が奥山真司さんです。奥山さんはイギリスのレディング大学でコリン・グレイ氏に師事し、修士号を取得後も同大学院の戦略学科博士課程に在籍しながら、研究を続けています。奥山さんは著書の中で「地政学」について次のように述べています。

> Ｇｅｏｐｏｌｉｔｉｃｓ＝地政学とは、簡単に言うと、ズバリ「地理概念上に展開される国家政治戦略の学問」であり、ただ単に地理と政治の関係のお勉強、などという「おままごと」のようなものではない。もっと国家間のネチネチ、ドロドロした争いの秘密が隠されていて、ある意味で宗教的な思想を利用しながら世界情勢を動かしてきた恐ろしい学問の事なのである。

現在の日本では、この地政学という学問はハッキリいって死んだも同然である。しかしながら、実は潜在的に最も求められている知識であり、「思考体系」である。なぜならこの学問は西側の列強が一九世紀中ごろから現代に至るまでの間、いかに世界を区分けして定義し、そして支配・統治していこうとしていたかを、学問的な冷静な視点でその大枠を教えてくれるからだ。単純に「地理と政治」の関係を説いた学問ではなく、少し大げさに言えば、西側諸国の外交戦略の政策の秘密を分析することである。

奥山真司著『地政学—アメリカの世界戦略地図』（五月書房）p2～3より抜粋

しかし、中国が経済的に台頭し、世界の覇権を握る野心を隠さなくなったことで、地政学は再度脚光を浴び、ロシアによるウクライナ侵略でその重要性はさらに多くの人々に認識されるようになりました。

国際情勢は「ランドパワー」と「シーパワー」の対立

現代における地政学は、いくつかの仮説によって構築された理論体系を意味します。その中で最も有名な仮説が、**「世界はランドパワー対シーパワーという構造で出来ている」**という仮説です。

本書でも、この「ランドパワー」と「シーパワー」の地政学をメインに、話を進めていきます。

まず、簡単に両者について説明すると、**「シーパワー」はアメリカ、イギリス、日本、オランダ、スペインといった海洋国家が中心となり、形成されています。分散的に存在する独立主体の国家が、ネットワーク**のように結びついています。

彼らが重んじる世界観は「それぞれの国家が独立し、自由で開かれた交易を行って世の中を発展させること」です。そのため、海上交通の安全性を重視し、交易路を防衛する上で強力な海軍を必要とします。

イギリスやアメリカ、日本のほか、過去、歴史上存在したベネチア共和国や現在の台湾やシンガポールなども典型的なシーパワーの国と言えるでしょう。

これに対して**「ランドパワー」とは、ロシア、中国、ドイツ、フランスといった大陸国家の間で生まれた考え方**です。これらは、自分たちの領地内で自給自足を完結させるために、より広い領地、すなわち「生存圏」を得ることを目的としており、国土を防衛し、新たな領地を獲得するために強力な陸軍を必要とします。

歴史上を振り返ってみても、モンゴル帝国やオスマントルコ帝国は自分の領地を広げるためにどんどん他国を侵略していきましたが、これらは典型的なランドパワーと言えるでしょう。なお、ランドパワーの地政学は閉鎖的で、自給自足的な世界観を持つ傾向が強いようです。

地政学は「人間の世界観を巡る戦い」

ランドパワーとシーパワーの地政学を説明する上で、まず押さえておくべき点は、両者の世界観の違いです。

東京外国語大学大学院総合国際学研究院教授であり、国際政治学者の篠田英朗（しのだひであき）氏は、**地政学とは「最終的には人間の世界観を巡る戦いである」**と指摘しています。どちらの地政学にしても、**「人間の理性の働きをどうとらえるのか」**という二つの異なる思想に基づいて成り立っているからです。

では、理性とは何か。理性とは、みなさんもご存じの通り、人間に備わっているとされる知的能力であり、人類を発展させる原動力にもなりました。

理性は、神に匹敵する能力なのか、そうではないのか？　人間がいかに理性を持っていたとしても、人間はやはり不完全であり、神ならざるものか？　この問いに対して、哲学者たちは長年にわたって議論を続けてきました。

18世紀の哲学者であるジャン＝ジャック・ルソー（1712―1778）は、『社会契約論』の中で、誤解を恐れずに言えば、「人間は神のように賢い存在だ」と述べています。人民とは一般意志を持ち、一つの主権者である。そのような理性的な意志を持つ一人ひとりの国民の集合体が国家であり、その一般意志は必ず正しい。ゆえに、行政はこの国民の一般意志に従うべきであるとルソーは結論づけました。

権力者である王を頂点として成り立つ絶対王政が当たり前だった当時において、こうしたルソーの考え方は非常に画期的であり、多くの国民の共感を呼びました。その結果、民衆たちが蜂起し、国内では数々の暴動が起こり、フランス革命へとつながっていきました。

さて、このルソーの思想を引き継いだのが、18～19世紀に活躍した哲学者のゲオルク・ヴィルヘルム・フリードリヒ・ヘーゲル（1770―1831）です。

ヘーゲルは、国家は個人の寄せ集めではなく、個人という独立する細胞を持つ一つの有機的組織であるという「国家有機体説」を提唱しました。その中で、「すべての部分が同一性へと向かわない場合、一部分が独立したものとして定立される場合には、全部が滅亡せねばならない」とも定義づけたのです。

その後、ドイツでは、ヘーゲルの国家有機体説をベースにしたドイツ国法学が花開き、プロイセン憲法などがつくられます。なお、日本が明治期につくった大日本帝国憲法も、このドイツ国法学に倣(なら)って作成されました。地理的には海洋国家であり、シーパワーである日本が、ヨーロッパを代表するランドパワー国家・ドイツの憲法を導入する。この時点で悲劇の種がまかれていたことを知る人はいませんでした。

プロイセン憲法や大日本帝国憲法などこれらの憲法では、「人間は神のように賢く、一般意志を持っている。そんな賢い国民こそが主権者である」との考え方がベースになっています。国家は一つの生物のようなもので、その主権を守るために、生存権や交戦権、関税自主権などいろんな権利を持っており、自らが生き残るためにはその権利を行使し、領地を広げることは悪ではないとされました。

そして、この国家有機体説が、典型的な大陸系地政学へとつながっていきます。

人間の理性を信じないシーパワーの地政学

大陸系地政学は、主にかつてのドイツや、現在のロシアなどが含まれます。これに対して、いわゆるシーパワーの地政学が生まれたのはイギリスからです。正確に言うと、そもそもシーパワーとランドパワーという概念そのものを考え出したのがイギリスの地理学者、ハルフォード・マッキンダーでした。

「人間は理性的な生き物である」という前提から成り立っていた大陸主義的な思想に対して、「それは、おかしいのではないか」と指摘したのが、18世紀に活躍したイギリス人の政治思想家であったエドマンド・バーク（1729－1797）でした。

バークは、フランス革命を厳しく批判した人物でもありました。いかに理念自体は良いものであったとしても、民衆がギロチンによる残酷非道な粛清を望むなど、やっていることは野蛮な行為でしかない。

理性を絶対視する大陸の人々を、バークは非常に冷笑的、かつリアリスティックに捉えていました。あまりにも人間を理想化していた政治哲学は、個人の権利を重んじるイギリス人にとっては思弁的すぎて受け入れられなかったのでしょう。
また、アメリカでも同様に、国家の権利よりも個人の権利を重んじる思想が広く受け入れられていたため、ドイツ的な政治哲学は懐疑的に捉えられていました。

シーパワーの登場に大きく影響を与えたのが、戦前のアメリカの国家戦略に貢献し、海軍大学校の教官として『海上権力史論』というアメリカ地政学の教科書のような本を記した海洋学者・アルフレッド・セイヤー・マハン（1840－1914）です。

同著の中で、マハンは次のようなテーゼを発表しています。

1. 海を制する者は世界を制す。
2. いかなる国も、大海軍国と大陸軍国を同時に兼ねることはできない。
3. シーパワーを得るためにはその国の地理的位置、自然的構成、国土の広さ、人口の多少、国民の資質、政府の性質の6条件が必要である。

つまり、国家を繁栄させるには、シーパワーが必須条件であると提唱しました。この理論が、その後のアメリカでは大きく取り入れられ、強力な海軍をつくり、アメリカ的な世界観（国際秩序）を国外へと拡大する際に大きく参考とされました。

地政学上、日本が韓国を突き放せないワケ

ロンドン大学の地理学院院長でもあったハルフォード・マッキンダー（1861－1947）は、「ランドパワー」と「シーパワー」という二つの力について初めて言及し、現代地政学の基礎を築きました。

1919年に発表した著書『デモクラシーの理想と現実』では「東欧を支配する者はハートランドを制し、ハートランドを支配する者は世界島を制し、世界島を支配する者は世界を制す」と指摘。ハートランドとは、世界最大の大陸であるユーラシア大陸を重要な大陸とした場合、その中心部にあるシベリアやモンゴル、イランの一部を意味します。

ハートランドは、北に位置しているので、北方から攻め入られることはありません。その一方で、海に通じる港を持たないため、ユーラシア大陸の奥に封じ込められてしまいます。

ただ、そんな**ハートランドが軍事力を高めて凍らない港を求めて南下し、勢力を拡大する。これらの特徴を持つ国家を指して、陸上権力、すなわち「ランドパワー」**と呼んだのです。

ランドパワーに対抗するのが、「シーパワー」の存在です。

シーパワーの国々は、具体的な位置としては、ユーラシア大陸縁辺域(えんぺんいき)にあるインナークレセント(内側の三日月地帯)と外側にあるアウタークレセント(外側の三日月地帯)という二つの地域を支配しています。

マッキンダーは、アウタークレセントに属するイギリスや日本、アメリカ、カナダ、オーストラリアや、半島部分にあるフランスやイタリアなどをシーパワーの国だと認定しています。

シーパワーは、ランドパワーとは全く反対の地理的な条件を持っており、島国ゆえに外の国へと領土拡大しようとはしません。**海にアクセスしやすいために、貿易などを通じて大きな利益を上げることができるので、ランドパワーの国を侵略する必要がない**からです。

一方で、ランドパワーの国々が領土を拡大して、シーパワーの国の世界へのアクセスや交易を妨げるようであれば、その拡大を抑える行動に出ます。立ち位置としては、**シーパワーは、ランドパワーを取り締まる警察**のようなものだと考えると、理解がしやすいでしょう。

ランドパワーとシーパワーの間にいるインナークレセントの地域は、両者からの介入を受けるため、何かと紛争に巻き込まれがちです。

そこで、ランドパワーを取り囲むようなアウタークレセントに位置するイギリスや日本などのシーパワーの国は、インナークレセントの半島に「橋頭堡（きょうとうほ）」と呼ばれる自分たちの足掛かりを置くことで、大陸へのアクセスを確保していました。

ランドパワーの国にとっても、シーパワーの国にとっても、橋頭堡は地政学上、非常に大切です。韓国があれだけ日本にゴネても、日本側が突き放すことができないのは、**韓国がアジア大陸のインナークレセントにおける橋頭堡**だからなのです。

なお、マッキンダーはこの理論を1904年に締結された日英同盟に着想を得て考えたと言われています。

このとき、ランドパワーの大国として知られていたロシアが、領土拡大を進める中、ど

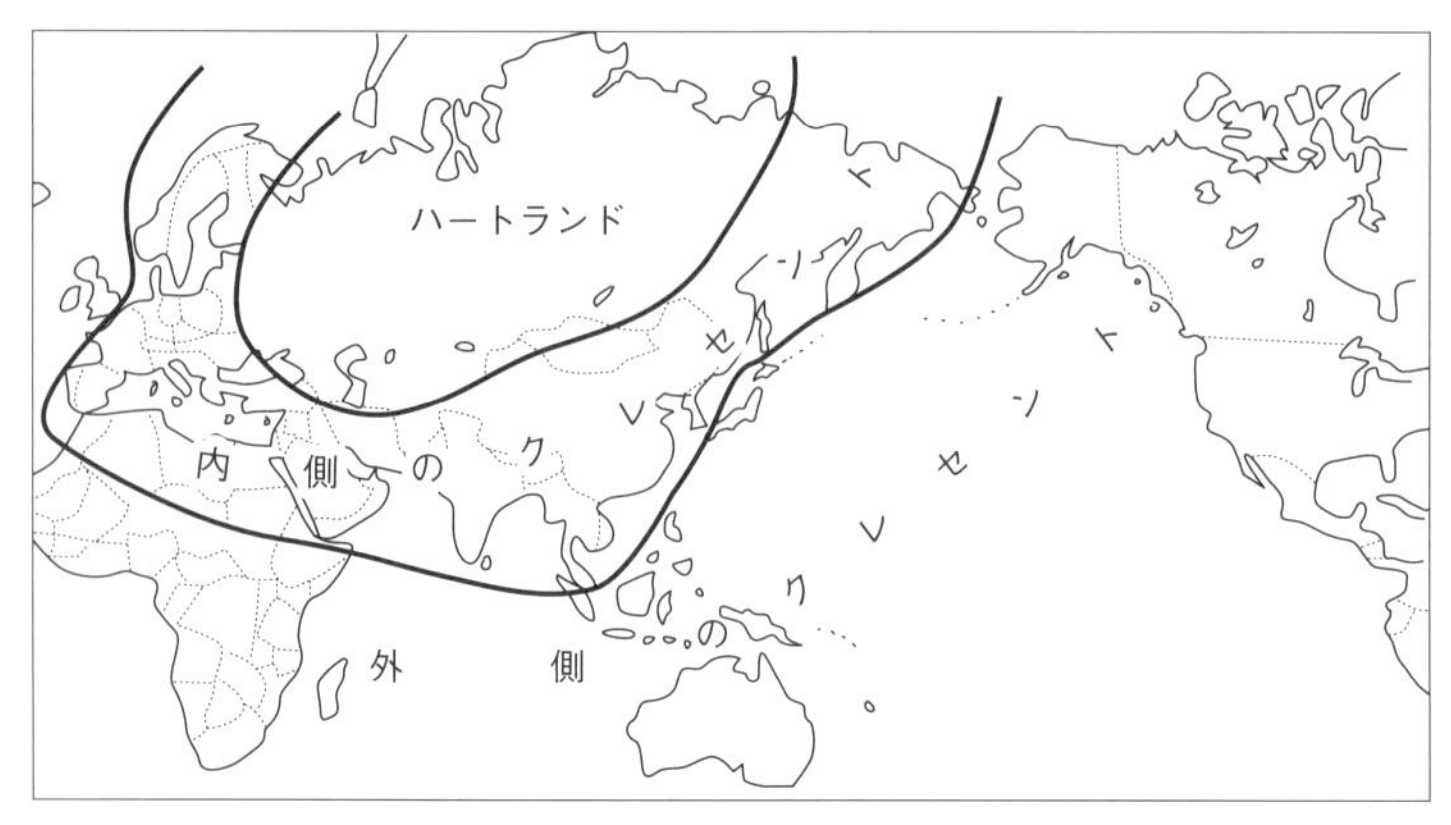

マッキンダーによる区分（出典：川野収『地政学入門』41ページ）
https://nippon.zaidan.info/seikabutsu/1997/00560/contents/053.htm

ちらも島国であるイギリスと日本が手を組み、ロシアを封じ込めようとしました。イギリスと日本はどちらもアウタークレセントに位置しており、地理的条件は極めて近い。その両国がシーパワーの国として同盟を組み、ランドパワーを抑え込むのは非常に理に適っていると考えたのです。

ナチスやスターリンに影響を与えた「ドイツ地政学」とは？

その後、マッキンダーの生み出した「ランドパワーVSシーパワー」という考え方が、ドイツ人の思想家であるカール・ハウスホーファー（1869－1946）らの思想と融合し、「ドイツ地政学」を生み出します。

ハウスホーファーが掲げた理論の要点は、以下の通りです。

（1）生存圏と国家拡大理論

（2）経済自給自足論（アウタルキー）

（3）ハートランド理論とランドパワーとシーパワーの対立

（4）統合地域（パン・リージョン）

（5）ソ連とのランドパワー同盟による世界支配

（1）から（3）は、マッキンダーをはじめとするそれまでの地政学の大家たちがつくり上げた理論を援用したもので、（4）以降がハウスホーファーのオリジナルの地政学です。

ハウスホーファーは、完全に縄張り意識を重視した圏域思想でもって、国家が自給自足するために必要な生存圏（レーベンスラウム）のために、国家にとって必要なものはすべて自分たちの勢力下に収めるべきであるという思想の持ち主でした。

彼の地政学では、国家を一つの有機体として捉え、我々が食べ物を食べなければ死んでしまうように、国家が生存するためには栄養を確保する必要があると考えます。そこで、国家が生きるために必要な資源や土地（生存圏）を獲得しなければならないと考えました。

ただ、資源や土地を奪い合えば、当然争いが起きます。仮に複数国家で土地を奪い合った場合は、その中で最も強い民族が最終的にはその土地に君臨する。

結果的に、**世界は地域ごとの強者が支配する圏域に分かれた、多極化世界が、バランス・オブ・パワーで話し合いをしながら国際秩序を決めていく「パン・リージョン（統合地域）理論」**を打ち出しました。

「パン・リージョン」とは、世界を縦割りに三つか四つのブロックに分けたものを指します。ハウスホーファーはそれぞれのブロックをアメリカ、ソ連、ドイツ、日本などの強国が

パン・リージョン理論のイメージ図

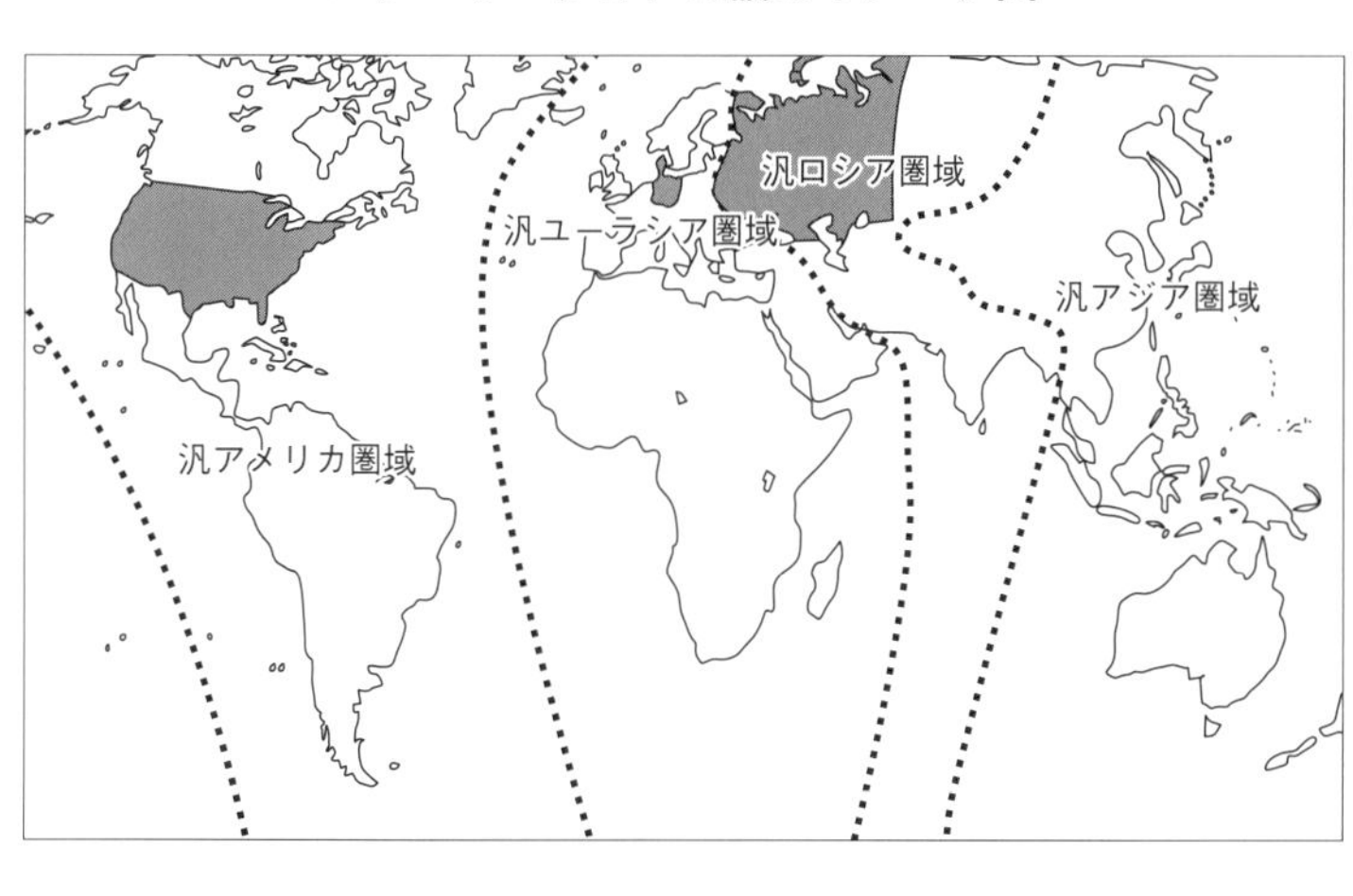

指導するという未来を予想していました。それぞれの地域が牽制し合いながらパワーを均衡させることで、世界が安定すると考えたのです。極めて帝国主義的な発想でしたが、国際関係論における勢力均衡政策（バランス・オブ・パワー）と解釈すればそれほど無理のある話ではないと思います。

ハウスホーファーがつくったドイツ地政学は、ヒトラーに大きく影響を与え、ナチスはドイツの生存圏を広げ、ヨーロッパの覇権を握る直前までに権力を拡大させました。

なお、アジア地域を日本が支配すると予想した理由は、彼が相当、日本びいきだったからだと言われています。ミュンヘン大学の博士号論文は「日本におけるドイツの影響」というタイトルで、日本語の読み書きもできたそうです。

ニュルンベルク裁判では戦争犯罪人としての訴追を免れますが、翌年の1946年に服毒の上、切腹自殺を遂げたと言われています。

続く(5)の「ソ連とのランドパワー同盟による世界支配」ですが、これはマッキンダーの「東欧を制する者は世界を制す」というテーゼをそのままドイツに当てはめたものです。ソ連が誕生して東欧がソ連の支配下にあるなら、「ドイツはソ連と組めばいい！」と単純に考えた結論だったようです。ハウスホーファーはこの5番目のテーゼを実行に移すため、個人的にも活動を始めます。先ほど紹介した奥山真司さんの『地政学』には以下のような衝撃的な事実も書かれています。

これはあまり知られていない事実であるが、ハウスホーファーはソ連の独裁者、スターリンの個人的なアドバイザーであった。一九二〇年代の初期から、なんと当時のソ連の独裁者だったスターリンに、自分の地政学分析の結果を定期的に送っていたのである。

(中略)

これを考えれば、なぜソ連は、冷戦時代にハウスホーファーの理論をそのまま実行に移したようなふるまいをしていたのかが納得できる。

（中略）

そうでなければ冷戦期の「プラハの春」事件や、アフガニスタン侵攻などは本当の動機が全く説明できない。ソ連の掲げていた共産主義の拡大などという理念は、ただの方便にすぎなかったのである。

奥山真司著『地政学―アメリカの世界戦略地図』（五月書房）p50より抜粋

さて、ハウスホーファーの地政学は直接スターリンに伝わり、長きにわたってソ連の国家戦略の下敷きにされてきました。ソ連が崩壊してロシアになったいまでも、基本的にこの地政学はまだ生きています。

中国が海軍を急激に増強している目的

現在、ロシアのプーチンが求めているのは、まさにハウスホーファーの理論の通りです。

現代のように**「アメリカとその仲間たちが守る国際秩序」**という価値観で統一されるの

ではなく、**「その地域ごとに最も強い民族がその土地を治めるべき」**であるというのが、ハウスホーファーの多極化世界の理論です。

また、中国も基本的にはロシアと同じランドパワーの国家であり、社会主義国家として目標を共有していたことなどから考えると、おそらくハウスホーファーの地政学の影響が強いと考えていいでしょう。

中国の場合は大陸系地政学に加えて、伝統的に根付いた「中華思想」という考え方があります。中原（中華文化の発祥地である黄河中下流域にある平原）を制した朝廷が世界の中心であり、その文化、思想が最も価値のあるものであると考え、逆らう異民族には価値を認めず、夷狄（中国の黄河中流域に住む漢民族が、外辺の異民族に対してつけた蔑称）として教化・征伐の対象とみなす恐ろしい考え方です。

これらの考え方を総合すると、中国は次のような思想、理論で動いているということが推察されます。

（1）十億人を超える人口が自給自足できる領土、支配地域を求めている

（2）日本など周辺諸国は夷狄であり、教化・征伐の対象である

（３）アメリカやロシアに匹敵するパン・リージョン（統合地域）の盟主になろうとしている

（４）（３）のためにアメリカ的な価値観を持たない国（独裁国家など）と平気で手を組む

最悪、これぐらいエグい国と考えてさまざまな対策を講じておかないと、日本の安全保障は危ういのです。

ちなみに、このようなことを中国は以前から考えていたはずですが、これまでは国内が内戦状態だったり、経済的に苦境に陥ったりしていて、思想を実行に移すほどの余裕がありませんでした。朝鮮戦争や中露紛争、中越紛争など外国との戦争を抱えていたり、文化大革命のような国内が大混乱している時期には、日本としてはまだそれほど中国に対して大きな脅威を感じることはなかったのです。むしろ日本にとって大きな現実的脅威となったのは、極東ソ連軍、その中でも特にソ連太平洋艦隊でした。

しかし、ソ連崩壊でロシアが力を失ったのとは反対に、中国は改革開放路線をひた走り、安く誘導された為替レートを武器に世界各国と貿易取引を拡大して、国として大きな発展を遂げました。

もはや海外との貿易なしに自国の発展はないことを自覚した中国にとって、海上交通の安全は死活問題となりつつあるのです。**元々ランドパワーの国だった中国が最近、海軍を増強させてシーパワーも手にしようとしている理由**はここにあります。

日本やドイツといったいわゆる西側諸国なら、世界中の海を警備しているアメリカ海軍のインフラを利用することで安全が保障されます。ところが、中国はそれを良しとすることはありません。中国の地政学の根底には「自給自足」という考え方があり、海上交通の安全も、中国自らの力で守ろうとするだろうと予想するほうが妥当です。

実際に中国海軍はものすごい勢いで増強されており、イージス艦（もどき？）や原子力潜水艦や空母まで配備されています。沿岸地域の防衛の目的を越え、明らかに外洋での作戦行動を念頭においた軍備増強が進んでいるのです。

これはかつてマハンが掲げた「いかなる国も、大海軍国と大陸軍国を同時に兼ねることはできない」というテーゼに対する挑戦です。歴史上まだどの国も成し得なかった政策です。果たして中国はマハンのテーゼを打ち破ることができるのか？　注目が集まっています。

「リムランド」でランドパワーの侵攻を阻止せよ！

20世紀にはアメリカの地理学者であるニコラス・J・スパイクマン（1893―1943）が、著書『世界政治におけるアメリカの戦略』の中で、ハートランドの力を封じ込めるための「リムランド」という新しい概念を生み出しました。

繰り返しになりますが、マッキンダーの地政学によれば、ハートランドにいるランドパワーが、より豊かな資源を求めて南下することで、自由で開かれた交易を求めるシーパワーとの間に衝突が生まれます。すると、当然ハートランドとシーパワーの境目にある地域は紛争に巻き込まれやすくなります。

ハートランドの周縁である「リム」にある土地、すなわち半島の付け根にある地域には、必然的に紛争が多くなります。だからこそ、スパイクマンは、**ヨーロッパ大陸とはユーラシア大陸の西のはずれにある半島と捉え、マッキンダーの理論における内側のインナークレセント（三日月地帯）にあるリムランドが結束することが、台頭するランドパワーに対抗する道筋**だと指摘したのです。

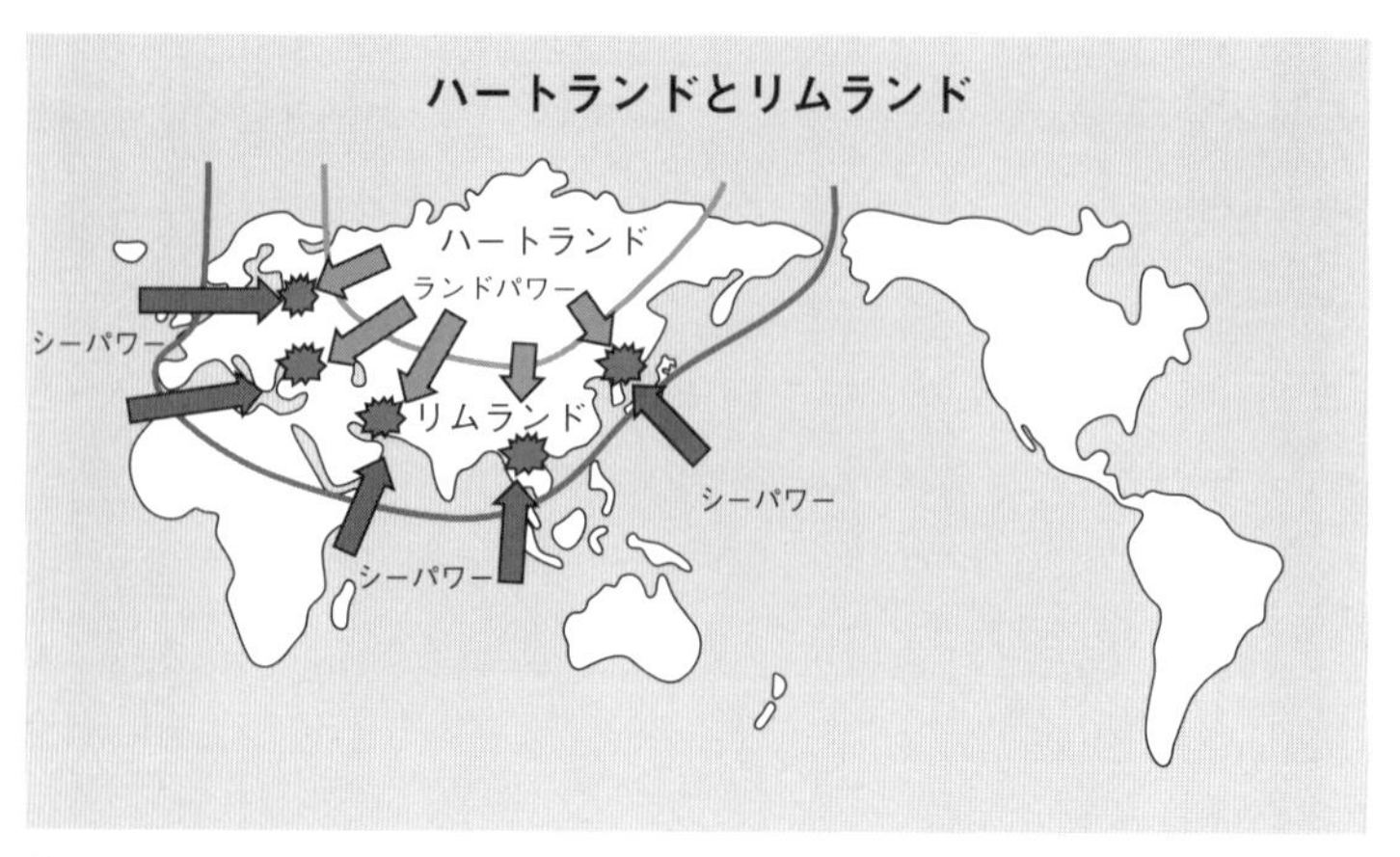

（出典：日経WOMAN　https://woman.nikkei.com/atcl/aria/column/19/093000263/093000001/?SS=imgview-sp&FD=1421851125）

ただ、すべての国がシーパワーかランドパワーに分類できるわけではありません。中国やフランスのように、大陸の強国として陸軍を持ちながら海軍も持ち、時代によって動き方を変える国は「アンフィビュアス（両生類）」と呼びます。基本的にはランドパワーなのですが、時としてシーパワー的に動いたりもするこれらの国々の動きは読みにくいです。よほどの共通の脅威がない限り一つにまとまるのは難しいと言われています。

なぜロシアや中国と日本やアメリカの考えは相いれないのか

ここまで地政学の成立から現在に至るまでの流れを、ざっくりと説明してきました。**ランドパワーとシーパワーの考え方の根本にある大きな違いは、まず理性に対する捉え方の違いです。そして、当然そこから派生する「主権の在り方」「国家の在り方」にも違いが生まれます。**

ランドパワーの国々では、理性を絶対視し、その理性の集合体である極めて観念的な「主権なるもの」を分割不能な絶対に正しい一般意志と解釈します。そのため、どちらかと言えば権威主義的で、独裁体制を生みやすい。対外的な侵略も自国の生存のために正当化するという怖さがあります。

一方、**シーパワーの国々において、理性は絶対視されません。むしろ、その理性に従っても間違う可能性を常に考慮します。そのため、国家も主権も所詮は社会契約であり、間違えたら更新すればいいという発想になります。**

人々が勝手に争っていては効率が悪いので、お互いに申し合わせて権利の交通整理をする。国家とはそのためのルールであり、多くの人がそれに同意したからこそ成り立つ社会契約なのです。これは対外関係においても、ルール重視であり、小国であってもルールを守る限り存在が許されるということになります。

また、国家が社会契約であるなら、主権も契約次第でいくらでも分割できます。立法、司法、行政も分割して三権分立とする発想もここから生まれています。それゆえ、シーパワー系の国では、独裁は起こりにくいのです。

このように、シーパワーの地政学的な発想のほうが、現代の国際法、国際秩序に親和的であることが分かるでしょう。逆にランドパワーの地政学は、大国主義的であり、一昔前の19世紀的な国際関係を代表する考え方に近いことが分かります。

シーパワーの地政学の最大の特徴は、自由で開かれた海と交易を重視する点です。

これもマハンが書いた『海上権力論』で論じられているのですが、彼は交易のルールをつくり、各国がそのルールに従って行動する国際秩序を求めることで世界が発展すると考えました。これはまさにシーパワーの考え方そのものです。そして、故安倍晋三(あべしんぞう)首相の提唱した「自由で開かれたインド太平洋」とは、まさにシーパワーの地政学を現代に体現したものです。

これに対して、**ランドパワーは生存圏を振りかざし、弱いものは吸収されても仕方ないという発想です。これは、力による現状変更も肯定する屁理屈としか言いようがありません。**これでは小国は独立できないし、大国も常に大国同士の争いで疑心暗鬼になってしまいます。

なぜロシアや中国と日本やアメリカが対立するのか。その根本にあるのはこのような国家観、国際関係に関する根本的な考え方の違いであるということがご理解いただけましたでしょうか？

世界の戦争を地政学で読み解く！

簡単に地政学の理論をご紹介してきましたが、これまでの歴史上の戦いを振り返ると、19世紀の**ヨーロッパにおける帝国主義戦争は、シーパワーのイギリスがランドパワー同士**

の対立を利用して彼らを一つに結束させないようにする構図であることが分かります。

しかも、シーパワーのイギリスにランドパワーのフランス、ドイツ、ロシアなどが入れ替わり立ち替わり戦いを挑むという構図です。イギリスにとっては、ランドパワー諸国が統一されて巨大な力を持つことを避けなければならないので、いろいろな駆け引きをしてランドパワー諸国を対立させたり、一部と同盟を組んでかき回したりするわけです。

このような大きなフレームワークで第一次世界大戦を解釈すると、シーパワーのイギリスがフランスとロシアというランドパワーと同盟を組むことで、同じランドパワーのドイツ、オーストリア、トルコを分断したという構図が浮かび上がってきます。そして途中から強力なシーパワーとして台頭してきたアメリカがイギリス側に味方して参戦します。当時、アメリカに次ぐシーパワーだった日本もアメリカ同様、イギリス側で参戦しました。つまり、**第一次世界大戦では、シーパワー諸国は一致団結し、ランドパワー諸国は分裂**していたわけです。

ところが、**第二次世界大戦においては、日本はほかのシーパワー諸国であるイギリス、アメリカと分断され、ドイツ、イタリアといった当時のランドパワー側に味方するようになります。それは、陸海の最強国であるソ連とアメリカを同時に敵に回す**ことを意味します。

当時の政策担当者は「日ソ中立条約があるのでソ連は敵ではない」と信じていたのでしょうか？

もしそうなら、かわいそうなぐらいのお人好しだったとしか言いようがありません。結果的にソ連はこの条約を一方的に破棄し、敗戦直前の日本に総攻撃を仕掛けます。満州や樺太(からふと)、千島列島で犠牲者を出し、一部の日本人はシベリアに抑留され極寒の地で強制労働させられるというトンデモない人権侵害が行われました。これは国家による大規模な拉致事件と言ってもいいでしょう。

戦前の日本の中にはシーパワーを志向する人々と、ランドパワーを志向する人々の対立がありました。そして、日露戦争以来、軍や政府の中でもこの対立は曖昧にされたままで、白黒をハッキリつけませんでした。マハンのテーゼでも、「いかなる国も、大海軍国と大陸軍国を同時に兼ねることはできない」と指摘されていましたが、奇しくも日本はこのテーゼに反して戦略の混乱を招いてしまいました。日露戦争に勝てた要因は日英同盟とアメリカによる多額の国債引き受けであったにもかかわらず、シーパワー同盟に自ら背を向けた。第一次世界大戦から第二次世界大戦に至る間の戦間期において、国際政治は19世紀的な大国のバランス・オブ・パワーから、現代につながる国際秩序へと変わりつつあったのに！　当時の日本の為政者たちは時代の変化に鈍感で、満洲事変、支那事変と武力による現状変更に手を染めてしまいました。確かに、19世紀的なルールではOKだったかもしれませんが、この時点ではもうNGでした。しかも、当時日本は国際連盟の常任理事国です。現在、国連の常任理事国であるロシアがクリミア併合やウクライナへの戦争（自称「特別軍事作戦」）を強行し、全世界から総スカンを食らっています。当時の日本もまさにこれと同等かそれ以上のことをやってしまったのです。

さらに、日本はシーパワー陣営を自ら敵に回すような日独伊三国同盟を結ぶ始末。支那事変という名の特別軍事作戦（日中戦争）はどんどん泥沼化して収拾がつきません。そんな中、アメリカの経済制裁は激しさを増します。日本の資産が凍結され、対日石油禁輸措置も発表されて万事休す。座して死を待つよりは、九死に一生を得るとのことで対米開戦の世論が盛り上がります。これは行動経済学で言うところの「プロスペクト理論」です。負けが込んだ投資家は、一発逆転を狙って無謀な賭けに出る。人は損失を回避しようとするときに支払う高いコストを恐れないと言います。当時の日本人はアメリカと戦っても負けることは分かっていました。しかし、負けると分かっていたのに大きな賭けに出てしまったのです。

第二次世界大戦の中でも日米の戦いは歴史上稀に見る強力なシーパワー同士の戦いです。意外に思われるかもしれませんが、人類史上、正規空母対正規空母、機動艦隊対機動艦隊の戦闘が行われたのは、この日米決戦だけです。

アメリカは予想以上の犠牲を出しましたが、軍事的に日本を屈服させることに成功しました。それは、皮肉にも開戦8カ月前に日本の総力戦研究所が行ったシミュレーションの結果通りでした。

さて、戦争に負けた結果、日本は二度と国際秩序を破壊する側には回らないことを誓いました。ポツダム宣言の受諾とはまさにその国際的な約束です。そして、憲法改正は武力による現状変更は絶対に行わないことを国内法的にも宣言し、未来永劫約束するという意味がありました。これはアメリカを中心とする安全保障システムに日本が組み込まれ、今後は国際秩序を守る側に立つということでもあります。

だからこそ、日本はいまロシアによる侵略を受けているウクライナを応援しなければいけません。ウクライナは侵略から自国を守るために武力を行使しているのであって、それは国際法上完全に合法な行為です。ウクライナを見捨てることは、国際秩序に背を向けることであり、それは日本国憲法の精神に反します。日本国憲法はその成立過程から考えて、国際法との調和なしに解釈することは不可能です。日本国内に流布するガラパゴス憲法解釈（東大憲法学）に惑わされてはいけません。その東大憲法学は、もともと大日本帝国憲法を解釈するために生まれたドイツ国法学を祖とするランドパワー系の憲法学なのですから!!

「憲法9条教」と揶揄される東大憲法学が、かつて日本を惑わせたランドパワー系の観念論から出てきているというのは驚きですよね。このように、一度敗れ去ったランドパワー系の地政学とそれに関連するドイツ観念論はたびたび姿を変えて現代に復活しているのです。

次章では、その変化について論じていきます。

第3章

地政学の最先端を探る！

なぜロシアや中国はハイブリッド戦争を仕掛けるのか？

さて、第2章までは、地政学の基礎について確認してきました。

基本的な構造は、生存圏を確立したい大陸国家（ランドパワー）と、自由で開かれた交易を求める海洋国家（シーパワー）による対立があるのだとご理解いただけたかと思います。

ただ、第1章で論じた通り武力による全面戦争はもはや戦争の主流ではなくなりました。現在、戦いの場はマルチドメインです。たとえば、**サイバー空間や経済、私たちの脳内までを戦場としたハイブリッド戦争**が始まっています。

なぜロシアや中国は、ハイブリッド戦争を仕掛けるのか。その最大の理由は、**ランドパワーの国が、シーパワーの国とまともに戦っても勝てないから**です。

分かりやすいのが、ロシアのウクライナ侵略です。ロシアが、あくまでウクライナだけをターゲットとし、ウクライナを支援する隣国を攻撃しないのは、NATOと戦っても絶対に勝てないからです。仮にNATO加盟国であるポーランドに手を出した場合、NAT

0から全力で報復される。それが分かっているからこそ、ウクライナへの侵略に焦点を絞っているのです。

では、このハイブリッド戦争とは、どのようにして始まったのでしょうか。

ハイブリッド戦争の生みの親は、エフゲニー・メッスネル（1891−1974）という帝政ロシア時代に生まれた軍人です。彼は、反共産主義者で、ロシア革命が始まると白軍に味方し、反革命勢力として共産党の赤軍と戦いました。

しかし、白軍が敗れたことで、メッスネルはセルビアへと逃亡しました。

その後もセルビアやナチスとともにソ連と戦い続けますが、イギリスやアメリカ、ソ連に包囲されて敗北します。ところが、それでも諦めなかったメッスネルは、ナチスの残党が多く逃げ込むという南米のアルゼンチンへと逃亡します。

遠く離れた南米の地で、メッスネルが何をやったのかというと、ロシア語での情報発信です。

メッスネルは、非軍事的なあらゆる手段を使って、ソ連共産党の威信を失墜させようと考えます。彼の発想が面白かったのは、国家に対する信頼が失われれば、どんなに強固なつながりを持つ共産主義であっても崩壊するはずだと思ったことです。

主張の核心として特に斬新だったのが**「国家、革命、軍隊といったものは、すべて心理的現象である」**と論じたことです。

国家のために命を投げても良い、上官の言うことには必ず従わなければならない……。

これらはすべて心理的な幻想であり、それを支えているモラルを破壊できれば、国家や革命、軍隊そのものを破壊できるとメッスネルは考えたのです。

そして、ソ連の崩壊を目指して、国内の反対派に向けたノウハウを発信し続けました。

しかし、メッスネルの発信はソ連の防諜機関によって徹底的にブロックされ、民衆に届くことはありませんでした。ところが、皮肉にも西側諸国に潜入したソ連のスパイたちによって、西側諸国がどれほど発展しているかという情報がもたらされてしまったのです。西側の経済的な豊かさが国民に知れ渡ったことで、ソ連という国家の信頼はどんどん揺らいでいきました。

共産主義は資本主義よりも優れているはずなのに、なぜ私たちはいつまでも貧しいのか、と。

その後、1989年に東欧革命が起き、1991年にソ連は崩壊します。

反共主義・メッスネルの理論がロシアに受け継がれる

メッスネルがハイブリッド戦争を仕掛けてから三十数年後、アメリカ海兵隊がベトナムで負け、イラク民兵相手に大苦戦した際に、次のような疑問が提起されました。

「なぜ、あんなにだらしない民兵に、我々最強の軍隊が勝てないのか」と。

そこで、海兵隊内部で研究が始まりました。このとき、アメリカ海兵隊が気付いたのは、**「心理や情報によって、人々の認知の枠組みをつくり替えることの重要性」**です。まさにメッスネルのアイデアそのもの。しかし、メッスネルがすごかったのは、アメリカ軍という巨大組織の研究と同じ理論を、ほぼ自分一人でつくり上げたことです。そして、ここで生まれた理論は、現在のロシアのハイブリッド戦争にもつながっていきます。

なぜ反共産主義であったメッスネルの理論を、本来敵対していたはずのロシアが利用しているのか。その理由は、ソ連崩壊にあります。旧ソ連時代にはメッスネルの本は発禁処分を受け、旧ソ連の図書館にあるスペツフラン（特別書庫）に保管されていました。当然、この特別書庫にある本を読めるのは、ごく一部の限られた人だったので、メッスネルの著書も多くの人の目に触れることはありませんでした。

しかし、1991年にソ連が崩壊すると、スペツフランが公開されました。誰でもメッスネルの本を閲覧できるようになったのです。メッスネルの本を読んだロシアの人々、特に軍人はさぞ驚いたでしょう。「東欧革命やソ連崩壊は、この理論によって行われた西側諸国によるハイブリッド戦争だったのか」と（実際には西側に潜入したソ連のスパイがさまざまな情報をもたらしたのに！ なんという曲解!!）。

ハイブリッド戦争のとてつもない威力を知ったロシアの軍人たちは、この理論を自らの国にも取り入れるようになりました。

なお、現在、中国で行われている工作活動にしても、ロシアのハイブリッド戦争を真似たものです。中国も、アメリカとまともに軍事力で戦っては勝てません。アメリカの国内を揺るがすために、からめ手としてハイブリッド戦争を仕掛けているのです。

「ロシアを攻撃したら核で反撃される」という真っ赤な嘘

では、ハイブリッド戦争において、ロシア側は具体的にはどのような工作活動を行っているのでしょうか？　身近な事例をいくつかご紹介しましょう。

これは、前出のMBSラジオ降板劇の直前にあった出来事です。

私が共演していたアナウンサーの上泉雄一さんとウクライナ情勢について話をしていた際、上泉さんがこう言いだしました。

「今後、ウクライナが反撃に転じるみたいなこと言っていますけど、ウクライナが反撃するとロシアが核使ってくるかもしれないじゃないですか」

それを聞いたとき、私は「あ、上泉さんも、ロシアの反射統制（リフレクシブコントロール：Reflexive Control）に引っかかってしまっているな」と感じました。

反射統制とはロシアが行う高度で洗練された影響力工作です。その正確な定義を、治安フォーラム2023年6月号『ハイブリッド戦争とは何か（2）ロシアによる独自解釈（志田淳二郎)』より抜粋します。

反射統制理論によれば、多様なチャンネルを通じてロシアのナラティブを拡散し、それらが少なくとも一部の西側メディアに取り上げられることが重要とされる。なぜなら、それが成功すればロシアのナラティブがさまざまな場で議論され、西側の政府が好まないようなロシアの行動に同情的な世論を西側社会内部で形成し、結果的にロシアの味方につけてしまうことが可能となるからだ。「ウクライナのNATO加盟を脅威と思ったロシアがウクライナに攻撃をしかけたことはしかたないこと」というロシアのナラティブに寄り添うような言説が、日本国内でも見られた近時のロシア・ウクライナ戦争を想起するとよい。

こうした特徴を持つ情報戦は、軍事力を直接使用した武力行使―通常戦争―においても駆使されるものであることは指摘するまでもないが、通常戦争でなくともハイブリッド戦争を効果的に遂行するために情報戦は重要な構成要素の一つとなっている。

たしかにロシアは核保有国であり、「何かあれば核を使うぞ」と脅すことができます。プーチン大統領は何度も核による恫喝を行ってはいます。しかし、開戦以来、実際に使う気配はありません。

私が、この問題について元陸上自衛隊東部方面総監の陸将だった渡辺悦和（わたなべよしかず）さんに聞いたところ、「ロシアが核使うなら、とっくに今頃使ってる。ロシアは核を使えないから、いま使えてないんです。いまどんなかたちでも一発使えば、この瞬間にもＮＡＴＯは電撃参戦するはずです。仮にＮＡＴＯが参戦した場合、おそらくは地上のロシアの核施設や軍事基地に、長距離ミサイルや大規模な空爆を仕掛けることになるので、ロシア軍は１００％負けるし、壊滅的な打撃を被るでしょう」とおっしゃっていました。

ロシア側が核による恫喝をしたとしても、ＮＡＴＯ側の核を撃ち返す能力に変化はありません。しかも、ＮＡＴＯのほうが何倍も攻撃力は強力です。ロシアだって、正直、ＮＡＴＯを怒らせたくはありません。

だから、ロシアには核を使うことなどできっこない。にもかかわらず、「使う」と脅しをかけた結果、西側のメディアは上泉アナのようにウクライナが何かアクションを取るたびに、「ロシアによる核の報復が予想されます」と騒ぎ立てるようになります。プーチンは自らの手を汚さず、西側のメディアを操って核による恫喝を継続的に行うことができるわけです。もちろん、上泉アナをはじめとしたマスコミの中の人がロシアから賄賂をもらったり、弱みを握られていたりしているわけではありません。反射統制という高度な影響力工作によって、ほぼノーコストでロシアに有利な主張を繰り返し拡散している点が問題なのです。

別の事例もあります。先日、某ジャーナリストとお話をしていた際、「ロシアを攻撃すれば核による報復があるはずだ。だから西側はロシアの核が怖くて、ウクライナに決定的な武器が送れないのだ」とおっしゃっていました。

しかし、この指摘も間違っています。報道などを見てみると、ウクライナに対して各国はたくさんの武器を送っています。最初はNATOの国々も「戦車や長距離砲は出さない」と言っていましたが、結局はウクライナに対して戦車や長距離ロケット砲、ついにF16戦闘機までも提供しています。これらはロシア軍を壊滅させる決定的な武器です。つまり、すでに西側はルビコン川を渡っている。ところが、この人は、いまだに西側の援助がショボいというナラティブを拡散しているわけです。

もしかしたら、西側諸国が開戦当初、戦車などを送らずに武器を小出しにしている様子が「決定的な武器を送れない」という印象を強く心に刻み込んだのかもしれません。たしかに、当初は第三次世界大戦へのエスカレーションが警戒されていました。あと、高度な兵器を渡しても、操作訓練や修理、メンテナンスなどの問題もあり、段取りに時間がかかったという面もあります。

にもかかわらず、**多くの人は「核による脅威があるから、西側諸国は決定的な行動に出られないのだ」と勘違いしている。それは一面では正しいものの、すべてではない。逆に、そのリスクばかり強調することは間違いなくロシアの術中にはまっている**状態です。

帝政ロシアから続く「反射統制」と「國體（こくたい）」

反射統制（リフレクシブコントロール：Reflexive Control）について、もう少し深く掘り下げてみましょう。「リフレクシブコントロール：Reflexive Control」を「反射統制」と訳したのはエストニアのタルテュー大学に在籍するロシアのプロパガンダの専門家・保坂三四郎（ほさかさんしろう）氏です。

また、名桜大学の志田淳次郎准教授によると、反射統制は、帝政ロシアのニコライ二世の統治の時代から始まっていました。帝政ロシア時代はアナーキストがたくさんいたため、彼らをあぶり出すための一つの情報術として体系化されました。彼らがアナーキストから守ろうとしたのはいわば**「ロシアの國體（こくたい）」**です。

ロシアの國體とは何かを正確に説明するのは難しいのですが、第2章でご紹介したように、ランドパワーの地政学に基づいた生存圏の確保と維持、西側の理論とは一線を画す独自の理論による世界秩序確立などを含む多様な概念です。そして、ロシアの國體は、帝政ロシア、ソ連、ロシア連邦と国自体がかたちを変えても変わらずに維持されました。それを支えているのが帝政ロシア時代の秘密警察、ソ連時代のKGB、現在のロシアにおけるFSBに代表されるシロビキ（治安・国防関係省庁およびその関係者）です。私はこれらロシアの國體の守護者を「バックボーン」と名付けました。漫画『進撃の巨人』に登場する「始祖の巨人」のような、巨大な背骨のイメージです。

ロシアが生存圏を求めてどんどん領土を拡張していけば、当然「武力による現状変更禁止」を謳う国際秩序（=西側諸国）とぶつかります。結果、その行動を抑止するさまざまな動きが生じます。さらに、ロシアが勝手に自分の縄張りだと思い込んでいる東欧諸国が、ロシアから離れて西側に付けば、ロシアはそれを裏切りだと決めつけます。ロシアと組んでも経済的なメリットはないし、無理難題ばかり押し付けられるからみんな離れていくのですが、ロシアは自国の問題点について反省することはありません。ロシアには西側に対する不信感、被害妄想にも近い恐怖心があります。それはいみじくもプーチン自身が言っている**「西側が常にロシアを圧迫し、ロシア的なものを消し去ろうとさまざまな攻撃を仕掛けている」**という趣旨の言葉に集約されます。

事実、2023年5月9日、プーチンは**「欧米諸国はロシアを亡きものにしようとしている」**と演説しています。

プーチン氏が戦勝記念日演説、「西側はロシアを破壊しようとしている」

ロシアのプーチン大統領は、第二次大戦でナチス・ドイツに勝利したことを祝う「戦勝記念日」の9日に演説し、「本当の戦争」が再びロシアに対して行われており、西側諸国はロシアを破壊しようとしていると述べた。

ロシアは平和な未来を望んでいるとし、ウクライナでの「特別軍事作戦」は国全体が賛同していると述べた。

また、西側諸国は1945年にソ連がナチス・ドイツに勝利したことを忘れていると指摘した。

（ロイター通信　２０２３年５月９日配信 https://jp.reuters.com/article/ww2-anniversary-russia-parade-putin-idJPL6N376064）

どう考えても、勝手にウクライナに攻撃を仕掛けたロシアに非があるにもかかわらず、ロシアよりもウクライナを支援する西側諸国に問題があると主張し、西側諸国が悪いと印象付ける。

それゆえ、ロシア側は常にその國體を西側の陰謀から守るために、帝政ロシア時代から、反射統制という極めて高度な影響力工作を駆使してきました。

ロシアのバックボーンを見てみても、その歴史は明らかです。ロシアの國體を守るために存在する母体は、帝政ロシアの秘密警察です。その後、ソ連が成立後に秘密警察はそのまま国家保安委員会（ＫＧＢ）になり、ソ連崩壊後はＦＳＢになって現在に至り、いま行われている反射統制へと結びついています。

多くの人は現在のロシアの様子を見て、「本来は牧歌的な国であったロシアがプーチン率いる恐ろしい集団に乗っ取られてしまったのだ」と考えるかもしれません。しかし、その認識は完全に間違っています。

ロシアは一貫してランドパワーの地政学のセオリー通りに動いている国です。「自由で民主的で平等な国をつくろう」という気は一切ありません。

実際、現在でも、ロシア国家統計局の2018年データによれば、ネネツ自治管区をはじめとする上位5地域と下位5地域における1人当たり総生産の格差は62倍にも及んでいます。つまり、ロシアという国はいわば「モスクワ植民地帝国」なのです。地方から一方的に搾取し、モスクワが繁栄している。これが実態です。そして、この国内の搾取の仕組みを生存圏（海外）にまで広げようとして、東欧やアフリカ諸国の内戦に介入し、資源を搾取します。なるべくこれらの地域の政権が安定しないようにかき回し、失敗国家のような状態をつくり出すのがロシアのやり方なのです。

現在のウクライナ侵略は、まさにランドパワーにのっとって動くロシアらしい行動だと言えるでしょう。

ウクライナ侵略で見るロシアの反射統制の仕組み

では、反射統制はどうやって行われるのか？　最も単純なやり方は、ロシアが流したいナラティブを、ロシア政府の発表として新聞やテレビといったメディアやSNS上に一斉にばらまくだけ。あるいは、ヒューミント（HUMINT・人的情報）と呼ばれる人とその周辺にいる人との会話の中で「あなたにだけ特別な情報を教えます」とロシア側のナラティブをこっそり教える方法です。これらに情報価値を見出した人が、メディアからオンライン、人づてというあらゆるチャンネルを使って、ロシア側にとって都合の良いナラティブを流すのです。

このやり方のうまいところは、事実に明らかな偽情報を混ぜることです。事実に紛れているからこそ、そこに隠れた偽情報までも真に受け、「ロシアだけが悪いわけではないのかもしれない」と感じる人々が一定の確率で生まれます。

ロシアが流した情報を、たった数人でも西側の知識人やジャーナリストたちが関心を持ち、情報をピックアップし、西側国家の中で論じてくれれば、それでOK。極めて低コストな影響力工作だと思いませんか？　そして、何か有事が起きたときに引っかかった人たちのリストが有効活用できるわけです。

これらのロシアンナラティブによって、**「ロシア側の行動にも理があるのでは」「西側諸国の横暴ではないか」**と考える人が出れば、ロシアの行動が相対化されます。いわゆる**「どっちもどっち論（相殺戦略）」**です。これで西側の政府や社会の意思決定の乱れとして反射される。これこそまさに**「反射統制」**です。

ロシアにはこういったナラティブ情報を発信する組織が、たくさんあります。

情報機関であるロシア連邦保安局（FSB）、ロシア軍の情報部（GRU）やロシア外務省の情報工作部隊、民間軍事会社ワグネルと同じくプリゴジン氏が所有するIRAなど、さまざまな機関が手を変え品を変え日夜情報発信に勤しんでおります。

なお、中国も影響力工作を行ってはいますが、ロシアの反射統制ほど緻密で洗練された手法は採られていません。ロシアに比べれば中国の影響力工作は稚拙で、どれも中途半端に終わっている印象があります。

スーダンの紛争にもロシアが関与していた!?

ここまで読んでみて「間違った情報を拡散されるくらいでは、相手の国が混乱に陥ることはないのでは？」と思った方もいるかもしれません。

しかし、**反射統制は、ロシアが周辺国家を支配するやり方**としても利用されています。ロシアのやり口というのは、その国の内政をかき乱すような反射統制を行い、対象国を「失敗国家」状態に陥れます。そのためには、武器を与え、内部で争わせる。ときには武器だけでなく、ロシアの退役軍人を連れてきて戦争の指導までして、ほかの軍閥(ぐんばつ)を蹴散らすこともあります。

もっとも、小国側はロシアから武器を譲り受けてもお金を払うことができません。するとロシアは対価として、「あそこの鉱山の採掘権だけちょうだい」などと、その国の中にある資源を奪っていきます。そうやって格安で仕入れた資源を売って儲けるのが、ロシアのビジネスモデルです。

現在、ロシアはアフリカ全土でこれらのスキームを実行しています。

たとえば、2023年4月からスーダンでは、スーダン軍と準軍事組織・即応支援部隊（RSF）による戦闘が起こりました。この戦闘には**ロシアの民間軍事会社ワグネルが深く関わっており、RSFに武器供与や訓練**を施したと言われています。**武器の見返りとして、RSFが握っている金の採掘利権をワグネルが独占し、そこで得た資金がウクライナ侵略の資金になっているとの報道もあります。**イギリスのBBCは次のように報じています。

米財務省は、ワグネルが「準軍事活動、独裁政権の継続支援、天然資源の搾取」をしてきたと主張している。

英シンクタンクの王立防衛安全保障研究所のジョアナ・デ・デウス・ペレイラ博士は、「2018年当初、（ワグネルは）約100人が積極的にスーダン軍を訓練していた。そこから関係が発展した」と述べた。

スーダンのメディアによると、その人数は約500人に膨らんでいるという。主にスーダンと中央アフリカ共和国の国境に近い、南西部ウム・ダフク付近に駐留していたという。

現地紙スーダン・トリビューンは、2019年にバシル大統領が民衆の抗議行動に直面した際、スーダンの情報機関や治安当局とともに「ロシア人戦闘員たち」が、反政府デモの監視に出動したと報じた。スーダン当局はこれを否定している。
（BBCNEWS JAPAN 2023年4月24日配信 https://www.bbc.com/japanese/features-and-analysis-65370615）

ロシアを擁護する「ロシアンフレンズ」に要注意！

反射統制は、引っかかる人がいなければ効果を成しません。本来は、世界中の人々が正しい理性を持ち、情報を精査できる理性を持っていれば、ロシアの反射統制など恐れるに足らないでしょう。

残念なことに、日本をはじめ世界中には、この反射統制に引っかかる人が数多くいます。その代表が、ウクライナ侵略以降、**ロシアを擁護する人々、通称「ロシアンフレンズ」**です。

ロシア政府やロシア大使館が流した偽情報を何の検証もせず真実であるかのように吹聴する彼らのバックグラウンドはさまざまです。ロシアンエージェントのような人々もいれば、「自分が本当のことを知っているのだ」と陰謀論に耽溺（たんでき）する人もいます。アメリカがとにかく大嫌いで反米をこじらせてロシア贔屓になる人もいれば、アクセス稼ぎのために逆張りでロシアの主張を垂れ流す人もいます。その中には、世間一般では「知識人」と呼ばれるような、大学教授やジャーナリスト、作家などといった人々も多数含まれていました。

その良い事例となるのが、2023年5月18日に銀座で開催されると予告された「ウクライナに平和を」デモの参加メンバーです。

同デモは「ウクライナに平和を求める会」による主催で行われ、「G7サミットは戦争を煽る会議ではなく和平を模索する会議に」とのキャッチコピーのもと呼びかけられました。

そこには、

「広島の地で戦争を拡大させるような話し合いはしないで」
「ウクライナ侵攻で世界は大迷惑」
「戦争で喜ぶのは産軍複合体だけ」
「メディアのロシア一方的悪者論はフェイクニュース」
「即時停戦こそ日本の国益」

（出典：セルギー・コルスンスキー駐日ウクライナ特命全権大使のツイートより）

などと書いてあります。

デモへの賛同者を見てみると、医者や政治家、大学教授、ジャーナリストまで、非常に多様なメンバーが30人ほど記載されています。

しかし、駐日ウクライナ大使のセルギー・コルスンスキー氏は、2023年5月2日にTwitter上で、このデモに対して次のように批判しております。

このデモは平和とは何の関係もありません。親露の立場で日本の世論を混乱させる挑発行為だ。平和への道はただ一つ、それはロシア軍をウクライナから完全に撤退させることです。そこに行かないでください。親ロシアの立場を支持しないでください。
(https://twitter.com/KorsunskySergiy/status/1653365391471841287)

コルスンスキー大使が言うように、そもそもウクライナの平和を求めるなら、プーチンに戦争を止めさせればいいだけです。この時点で停戦すると、ウクライナがロシアによって領土を奪われてしまうわけで、そうなれば武力による現状変更を認めることになり、国際秩序は維持できなくなります。

にもかかわらず、このデモ団体は、一方的なロシアを批判する報道に反対の意を示したり、ウクライナを非難するような言葉を投げたりするなど、実質的には親ロシアの立場を取っています。それとも、ただ一方的に「平和を望みます、戦争はいけません!」と上から目線で主張することで、「私はほかとは違う人!」と悦に入る頭の足らない人なのでしょうか? それとも、「もっと尊敬されたい……」という思いがあるからこそ、「世界の中心で平和を叫ぶ自分たち、かっこいい!」「自分たちは正しい!」という自己顕示欲を示してしまうのでしょうか?

デモの賛同者として名前を連ねた文化人の方々の中には、どうやらデモの内容や趣旨を確認せずに賛同の意を示した人もいたようです。ただ、どのような事情があったのか知りませんが、このデモに賛同の意志を示した人々は軽率としか言いようがありません。これでは、ウクライナにおけるロシア軍の虐殺に加担しているのと同じことです。

ロシアンフレンズは金目当てではない

ここが大事なポイントなのですが、**ロシアンフレンズは、ロシアからお金をもらって、工作活動に加担しているわけではありません**（対価をもらっていないのに、勝手にロシアに利用されているという点が、反射統制の餌食（えじき）としか言いようがないのですが）。

ロシアンフレンズを説明する上で再び登場させたいのが、第1章でご紹介した「フーバーの5分類」です。反射統制に引っかかる人たちは「デュープス」、「機会主義者」、「フェロートラベラー」などに分類されます。機会主義者と呼ばれる人々の中には、先に挙げたようなジャーナリストや政治家といった人々も混じっています。

たとえば、某ロシア通で知られる有識者の中には、ロシア大使館に出入りして、ミハイル・ガルージン駐日大使（当時）から直接指示を受けている人物もいます。彼らにしても、別にお金などをもらっているわけではなく、ロシア大使からマスコミに出ない秘密のネタを提供してもらっていると思い込まされている可能性が高いです。価値の高い情報を探すためにわざわざ危険を冒してロシア大使館に出入りする自分に酔っているのかもしれません。

ガルージン側もその辺は心得ていて、ロシア通のジャーナリストたちに「これを拡散しろ」と指令するのではなく、「これはあなただけにしか教えない貴重な情報だけど、実はこういうことがあってね……」と演出する。すると、有識者側も「ロシア大使館の奥でこんなすごい情報をもらった。これはここだけの話だが……」とすっかり乗せられてしまうわけです。そうして、喜んで自分の知り合いに拡散します。SNSに小出しに思わせぶりなことを書いたりすることもあるでしょう。一定の確率で「これはすごい情報だ！」と興奮して拡散する人が出てきます。こうやって偽情報の連鎖、拡散が広がっていくわけです。特に、いわゆるインフルエンサーと呼ばれる人々が偽情報拡散の起点となった場合は厄介です。彼らのフォロワーがエコーチェンバー（SNSで似た価値観同士でフォローし合い、同じ情報だけが耳に入り、真実だと思い込むこと）となって、偽情報が拡散していきます。単に情報がエコーチェンバーの中で反響し合っているだけなのに、何度も同じ話を別の人から聞かされると「やっぱりこの情報は正しい！　みんなが言っている」という確信に至ってしまう。

彼らが偽情報を「食う」メリットは、**「こんな情報を知っている自分はすごい」という優越感**です。**「この世界で、自分だけが本当のことを知っているのだ！」**と考えると、脳内麻薬が出て、高揚感も上がります。ロシアから金をもらっているわけでも、脅されているわけでもない人が、ロシアの偽情報を積極的に拡散する背景にはこういう構造があります。

ロシアンナラティブはベンチャーキャピタルのようなもの

ロシアンフレンズが反射統制に引っかかる理由や背景はさまざまですが、ロシア側も工夫をこらしていて、どんな情報に人々が反応するのか、影響力のあるナラティブはどれなのかをきちんと分析しています。

やり方は簡単で、曖昧なナラティブを投げてみて、それに対して、誰かがリアクションを取る。そして、そのリアクションを見て、「これは効果があるな」と見定めて、また同じようなナラティブを投げて、効果を拡大させていきます。

たとえば、ディープステートに代表される「世界は少数の闇の権力者に支配されている」といった陰謀論はいみじくもプーチン大統領本人が利用しています。前出の篠田英朗氏はこれをルサンチマン道徳論と断じ、次のように批判しています。

【プーチン大統領に見るルサンチマンの道徳論の波及力】

「万国の反米主義者よ、団結せよ」、といった歪曲された見え透いたプーチン大統領のメッセージが、実際に世界中の反米主義者にアピールし、「ディープステートが全てを動かしている」「グローバル主義者が世界を支配しようとしている」といった陰謀論者の感情を高ぶらせている。

（中略）

これはロシア人だけでなく、ワシントンＤＣの外交エリートにルサンチマンを持つシカゴ大学のオフェンシブ・リアリストの理論家や、日本の外交エリートや同盟国アメリカにルサンチマンを持つ非武装中立思想にかぶれた日本の高齢者層などの場合にも、基本的には事情は同じであろう。

（https://agora-web.jp/archives/230309001024.html）

最近では、アメリカ大統領選挙の陰謀論にハマる人の発信を見たせいか、ロシア側も「ディープステートを信じている奴がこんなにいるならば、ウクライナはディープステートだと決めつければ反応する人が増えるのではないか」と思ったようです。

事実、いまは日本でもロシアンナラティブに騙されて、「ウクライナはディープステートだ、ネオナチだ」と信じている人が少なからずいます。

先に挙げた銀座のデモについても同様です。「『平和』を訴えると日本の左翼は勝手に騒ぎを起こす」とロシア側には分かっているので、「ロシア側は停戦を望んでいるのに、ウクライナは戦争を望む。ウクライナが好戦的だから戦争が終わらない」というナラティブを流すわけです。結果、日本の左翼は騙されて、ロシアの撤退ではなく、ただ停戦による平和だけを求めるというわけの分からない主張をするようになる。非常に巧妙にできています。

この仕組みは、いわばベンチャーキャピタルのようなものだと私は捉えています。

ベンチャーキャピタルが何十、何百というたくさんのスタートアップに投資し、その中から育ってきた1社か2社に追加投資をして最終的に上場させるのと同じで、ロシアもた

くさんの曖昧なナラティブを一斉に拡散し、その中から人々が反応するものを見定めて育てています。ベンチャーキャピタルとの最大の違いは、ロシアはそれで相手国の社会を混乱させることを狙っている点です。

デマを両論併記と主張するロシアンフレンズ

多くのロシアンフレンズたちが、ロシアの情報を流すときに言う決まり文句があります。

それは、**「西側の情報源に偏らない多角的な分析が必要だ」「何事にも両論を取り上げ、検証するべきだ」**というもの。

ですが、ここまで読んでみてお分かりのように、ロシアの情報は、はっきり言ってデマばかりです。デマを「情報」として考えると、社会に混乱を招きます。

いくら両論併記が必要だからといって、事実とデマを並べるのは、まさに相手の思うツボです。

なお、ロシアに限らず、こうした行為は権威主義国家の常套手段です。

以前、北朝鮮が日本人拉致問題について非難されたとき、北朝鮮が採った戦略もまさにこれです。朝日新聞の誤報に基づく慰安婦強制連行20万人説を振りかざして「どっちもどっちだ！」と非難を打ち消そうとしました。まさにこれが相殺戦略というものです。

そもそも、慰安婦は強制連行されていないし、20万人という数字にも何の根拠もありません。慰安婦は当時合法であった風俗産業の従事者であり、また当時は一般的であった年季奉公の契約で働いていた人々です。これらの契約書は残っているし、実際に金銭を受け取っていた記録もあります。強制連行ではありません。強制連行説は「済州島の慰安婦狩り」という朝日新聞の捏造です。

それが捏造であっても、使えるものはすべて使う。これが権威主義国家のやり方です。メディアの権力批判も結構ですが、事実に基づかない捏造報道を30年以上も訂正しなかった朝日新聞の罪は重いと言わざるを得ません。しかも、朝日新聞は何ら反省することなく、その後も安保法制や特定秘密保護法などで世論をミスリードする記事を掲載し続けました。それらが権威主義国家のナラティブに利用されなかったと言い切れるでしょうか？　みなさんがロシアを中心とする東側諸国のナラティブに引っかからないように、第4章では、具体的なナラティブについて検証していきたいと思います。

第4章

権威主義大国・ロシアの情報戦とその未来

「NATOの東方拡大」とは事実を捻じ曲げるロシアの勝手な拡大解釈

2022年2月、ウクライナ侵略直後にロシアが流していた代表的なナラティブの一つに**「ウクライナがロシアを刺激したから、ロシアが攻めてきた」**というものがありました。

たとえば、日本維新の会の参議院議員、鈴木宗男（すずきむねお）氏も「ゼレンスキー大統領が自爆ドローンを親ロ派地域に飛ばしたことが、プーチン大統領を刺激した」などと吹聴していました。

仮に本当にウクライナがドローンを飛ばしていたとしても、ロシアが全面攻撃を行う口実としてはあまりに根拠薄弱。どう考えてもやり過ぎです。

また、当時プーチン自身がウクライナ侵略の大義名分として強調していたのが、「NATOの東方拡大は約束違反であり、ロシアにとって脅威だ」というものです。

東ドイツ崩壊後、NATOとロシアの間では「NATOはこれ以上東方には勢力を拡大しない」という密約が結ばれていた。しかし、近年では東ヨーロッパ諸国がNATOに続々と加入している。これに対してロシアが脅威と思うのは当然であり、本来はロシア側に理があるというわけです。

ところが、これこそがナラティブそのもの。事実に反するとんでもない大嘘なのです。これは重要なことなので、時系列に沿ってディテールを押さえておきましょう。

1989年のベルリンの壁崩壊を経て、東西ドイツが統合しました。しかし、ここで困った問題が起こります。この統合は東ドイツが西ドイツに吸収合併されるかたちの統合だったからです。西ドイツはNATO加盟国、東ドイツはワルシャワ条約機構加盟国。東ドイツがある日突然西ドイツに吸収されると、旧東ドイツ領もNATO加盟国の領土になってしまうわけです。ところが、統合した直後にはまだソ連軍が駐留していました。

ここで何の打ち合わせもなく、NATO軍が旧東ドイツ領に駐留したら、そこにいるソ連軍と偶発的な衝突が起こってしまうかもしれません。そこで、ソ連軍の撤退が完了するまでの期間に限り、NATO軍は東ドイツの領域には入らないという段取りを決めたのです。

その後、ソ連軍は二年間で撤退が完了したため、NATO軍が東ドイツに駐留しました。つまり、NATOがソ連（ロシア）と交わした約束は、あくまで**「ソ連軍がいる間は東ドイツの領域に入らない」**という約束であって、旧ワルシャワ条約機構加盟国が自ら

NATOへの加盟を望んだ場合にも拒否するという約束ではありません。東ヨーロッパ諸国が国民世論に押されて、国家としてNATOへの加盟を申請することには、何も問題がないわけです。ましてや、ロシアにお伺いを立てることでもありません。

これが歴史的な事実ですが、ロシアはその事実を拡大解釈して、**「NATOは冷戦終結後、東方拡大はしないと約束した」**と主張しているのです。しかし、こんな屁理屈でも冷戦終結から30年以上も言い続けると、それを信じる人が出てくるのが不思議です。そして、いま西側諸国にも、頼まれもしないのにこのナラティブに染まり、拡散している人がいる。由々しき問題です。

百歩譲って、ロシアの勝手な理屈に乗ったとしても、ロシアの言っていることとやっていることの間には大きな矛盾があります。

2022年、フィンランドとスウェーデンがNATO加盟を申請し、現時点でフィンランドがNATOに加盟しました。これはNATOの東方拡大そのものですが、ロシアはフィンランドを攻撃していません。ウクライナは加盟申請すらしていないのに全面戦争を仕掛けたくせに、なぜスウェーデンとフィンランドのNATO加盟はスルーなのでしょうか？　はっきり言ってウクライナをナメていた。旧ソ連諸国ということでいまだにロシアは自分たちの領土だと思っているからこそ侵略したのです。NATOの東方拡大など付け焼刃な言い訳に過ぎません。

ウクライナはロシアにとって大陸系地政学から連なる「生存圏」なのでしょう。何を根拠にそんなことを言っているのかは理解に苦しみます。しかし、ランドパワーの地政学的な発想が、ロシアの行動原理になっていることが分かります。

「プーチンは捕まらない」という巧妙過ぎるロシアンナラティブ

続いてのナラティブは、国際刑事裁判所(ICC)から戦犯容疑で起訴されたプーチン自身に関するものです。このニュースが流れた時に、親露派のSNSアカウントは「一国の元首は戦犯として逮捕できない」という主張を繰り返しました。逮捕できないからこんなことをしても無駄だ、ロシアには何のダメージもないと言うのです。

たしかに、プーチンがロシアの大統領を続け、なおかつロシア国内にとどまる限り、逮捕することは難しいかもしれません。

しかし、いますぐ逮捕できないからといってロシアやプーチンがノーダメージだと言うのは言い過ぎです。

実際には、ICCの起訴による効果は、確実に生まれています。

まず、一つにはプーチンの外交活動が大きく制限されることになります。

仮にロシアとズブズブの関係性を保っている南アフリカ共和国のような友好国であっても、プーチンが同国を訪問したのに彼を逮捕しなかった場合、「あの国は国際的な約束を守らなかった」と国際社会から非難され、大恥をかくことになります。普通の国は国際的に決められた条約などはきちんと守ります。なぜなら、自分がルールを守らないと、周囲もルールを守ってくれないし、結果的に自分自身の立場も危うくなるからです。

つまり、友好国であっても、プーチンが自国を訪れたら逮捕せざるを得ない。ゆえに、多くの友好国は、プーチンに対して「うちには来ないでほしい」と願っていることでしょう。そう考えると、プーチンの国外での行動は大きく制限されることになります。

また、ICCの提訴によって、国内でのクーデターが正当化しやすくなります。

仮に今後、ロシア国内でクーデターが起こったとしても、「これは戦争犯罪人を拘束するために起こしたクーデターだ」という大義名分がきちんと成立します。プーチンを捕まえた後は、勝手に制裁するのではなく、オランダのハーグに本部がある裁判所にプーチンの身柄を送って、処罰を待てばいい。

このように、**ＩＣＣの提訴はプーチンの外堀を埋めるのに非常に効果的なのに、なぜか親露派は「そんなことをやっても効きませんよ」と言い続けます。**テレビに出ている一部のコメンテーターにもこの言説に引っかかっている人がたくさんいました。もちろん、ロシアに買収されたり、弱みを握られたりしているわけではありません。コメントでちょっとした「差別化」を試みようと思った時に、たまたまネットで出回っていた情報に飛びついただけです。繰り返しますが、これは**ロシアンナラティブ**です。鵜呑みにしないでください。そして、残念ながらテレビのコメンテーターの実力はこの程度なのです。

ウクライナ侵略はイラク戦争と何が違うのか？

そのほかに多いのが「この戦争で一番得をするのはアメリカ（の軍産複合体）だ。だから、アメリカは戦争を止めたくないのだ」というナラティブです。

でも、アメリカは戦争で得をすることはないし、むしろ世界各国がロシアのせいでインフレになって困っています。さらに、アメリカのGDPに占める軍産複合体の割合は、IT企業などに比べると比較にならないぐらい小さく、このロジックはそもそも成り立ちません。試しに、軍産複合体の代表格であるロッキード・マーティン社とフェイスブックを運営するメタ・プラットフォームズ社の株式時価総額を比べてみましょう。

もうみなさんお分かりですよね？　バカも休み休み言えという話です。

また、ウクライナ侵略について、アメリカのイラク戦争となぞらえて、「どっちもどっち」という相殺戦略を試みる人がいます。これはややトリッキーなナラティブなので詳しく解説しておきましょう。

国際政治学者の篠田英朗氏にこの問題について質問したところ、イラク戦争開戦前のアメリカは、**あくまでも国連安保理の決議を履行し、国連という舞台にこだわり、「国際秩序を守るための戦争である」と主張**したことが決定的に異なるとの回答を得ました。たしかに、アメリカのやり方は強引でしたが、あくまでも国連という舞台で、そこに定められた手続きに従ったという点ではロシアと異なります。

さらに言えば、イラク戦争後、アメリカはイラクを併合していません。日本人でも第二次世界大戦直後は「アメリカによる占領で、戦後の日本人はひどい目に遭った」と言う人もいますが、**沖縄も1972年に返還されたように、日本に対するアメリカの植民地政策はほかの列強国に比べて寛容**でした。満州や樺太で拉致された日本人がどんな目に遭ったか。女性はことごとくレイプされ、男性は拉致されて強制労働。まさにいまウクライナで行われていることと全く同じことを先人たちは経験しています。しかも、ロシアはいまだに不法占拠した北方領土を返還していません。沖縄は1972年にとっくに返還されています。この大きな差になぜ気付かないのか？　気付かないふりをしているのか？　親露派のロジックは謎だらけです。

領土問題で言えば、過去に安倍晋三元総理は「プーチンが北方領土を返すかもしれない」とプーチンと会談したことがあります。しかし、あれもロシアのナラティブに騙された親露派の鈴木宗男氏に、安倍元総理が誤情報を吹き込まれたということが後日発覚します。結果を見てみれば、プーチンは全く北方領土を返す気はなかった。

このように、イラク戦争とウクライナ侵略を一緒くたにするにはあまりにも無理がある上、占領統治の実態などを見る限りロシアは歴史的に問題の多い国であることは明らかです。ところが、反米感情をこじらせてしまった人が、こういったナラティブを根拠に「どっちもどっち論」を拡散するわけです。こうした人々は「反米を貫く自分がかっこいい」と自分に酔っているのでしょうか？　極めて恥ずかしい行為であることは言うまでもありません。

ウクライナ侵略はアメリカとロシアの代理戦争ではない

アメリカとロシアの対立を取り上げて、「ウクライナ侵略は、ロシアとアメリカをはじめとする西側諸国の代理戦争だ」と主張する人もいますが、これも非常に問題の多い考え方です。

そもそも代理戦争の定義って何でしょう？　大国が決定的な衝突を避けるために、自陣営の小国を使って小競り合いをする。冷戦時代の代理戦争はまさにこれでした。

これに対してウクライナの場合は、自国の領土を守るために戦っているので、「代理」の戦争ではありません。ウクライナ人は自ら望んで国土防衛のために戦っています。アメリカにそそのかされて戦争しているわけではない。ウクライナに武器を援助することで、アメリカがウクライナに戦争をやらせているなどと親露派は言いますが、何の根拠もありません。ゼレンスキー大統領の圧倒的な支持率、各種世論調査におけるウクライナ国民の国防意識など、客観的なデータはいくらでもあります。そういった調査まで「ディープステートが捏造したものだ！」と言うなら、あなたは立派な陰謀論者。プーチンの反射統制に見事に引っかかっています。

アメリカをはじめとする西側諸国が、ウクライナ侵略においてウクライナに加勢する理由は、武力による現状変更を認めたら国際秩序が崩壊するからです。そして、国際秩序を重んじる国々はシーパワー諸国およびその同盟国です。これが偶然でないことは第2章で詳しく述べました。

ウクライナがこの戦争に勝利すれば、国際秩序は保たれます。自由で開かれた世界は存続し、小国も独立できます。ルールに従い交易を通じて世界が発展するでしょう。逆にロシアが勝てば国際秩序は崩壊し、小国は大国の都合でしか生き残れない緩衝地帯となります。ルールではなく、すべては力の強さで決まる弱肉強食の世界です。みなさんはどちらの未来を望みますか？

ロシアには国際秩序に基づく対等な国と国との関係という概念は存在しないようです。ロシアは、国際秩序はアメリカの覇権であり、アメリカに頼ることでしか自国を防衛できない国は国ではないと言います。ロシアの定義に従えば、NATO加盟国のドイツですら国ではない。ましてや日米安保に頼る日本も国ではない。そう言えば、プーチンはウクライナも国ではないと言って侵略しています。全く同じ理屈で日本やドイツを攻撃する可能性だってあるわけです。

これはロシアのみならず、権威主義国家に共通したものの見方のようです。彼らは国際関係を主従関係でしか理解できない。しかし、アメリカは国際秩序の守護者であって、ロシアや中国の想定するような力の論理の信奉者ではありません。仮にそう思っていたとしても、イラク戦争の時のように必ず国連という舞台、大義名分を必要とする。第二次世界大戦後に禁止された、武力による現状変更を行う国を制裁するのであって、自国の生存圏を確保するために戦争を仕掛けるわけではないのです。そして、そのような世界観のほうが自分たちにとってもメリットがあるから、西側諸国は結束しているのであって、アメリカが怖くて仕方なく付き合っているわけではないのです。

だからこそ、西側諸国はある意味まとまりがない。実際、ロシアのウクライナ侵略以前のトランプ政権時代は、NATO加盟国は防衛努力が足らないとアメリカから何度もクレームをつけられていました。ところが、ウクライナ侵略のような大きな出来事があると、突如「自由で開かれた世界」の大切さ、価値観外交の原点を確認するわけです。そして、あれだけバラバラだったNATO加盟国が結束します。プーチンはそこを完全に見誤った。そしてドツボにハマって抜け出せなくなったのです。

「グローバルサウス」や「一帯一路」に騙されるな！

「世界は多極化している」というのはロシアや中国が好んで拡散するナラティブです。多極化とは、ランドパワーの地政学におけるパンリージョンの焼き直しであり、力の強い国が「勢力圏」という縄張りを持ちバランス・オブ・パワーで国際政治を仕切るということを意味しています。「アメリカの一極主義は間違っているのだ」というもっともらしい主張の裏には、このような世界観があるのです。世界はルールではなく、力によって支配される。小国は絶対に独立できないでしょう。

そんな、ロシアをはじめとする権威主義国家が、昨今、よく発信しているのが**「グローバルサウス」**というキーワードです。

グローバルサウスという文脈は、G7（主要国首脳会議）に対抗する対立軸として、「グローバルサウスはこう考えている」などと語られることが多いのですが、この言葉を聞くと、G7に入っていない西側諸国以外の国は結束して一塊になっているかのような印象を受けます。

しかし、それは幻想に過ぎません。グローバルサウスという概念そのものはれっきとした国際政治学の用語であり、日本ではトルコやインドの研究者が積極的に発信している言葉です。しかし、これがプロパガンダとして利用されるときは全く違う意味を持ってくることに注意が必要です。

そもそも南太平洋の島嶼国家（とうしょこっか）とアフリカのジャングルの中にある国では利害も全く違うし、外交的な交流もほとんどありません。アルゼンチンとスリランカの共通の利害とは何でしょう？　これらをひとまとめにしている国際機関は存在するのでしょうか？

このように指摘すると、「アメリカに協力してロシアに制裁を科している国は圧倒的に少ない。グローバルサウスのほうが多数派なんだ」という反論も出てくるのですが、そもそも戦前からロシアと貿易をしていない国は制裁に参加することはできません。グローバルサウスと言われる国はもともとロシアと大して取引のない国が多い。ただそれだけの話です。これが詭弁であることがよく分かります。

そこで再度質問ですが、グローバルサウスに分類されているアフリカ諸国と太平洋の島嶼国家と南米諸国は、普段からどのような利害調整をしているのでしょうか？　グローバルサウス世界大会はいつどこで開かれているのか？　実はこれらの国々はほとんど連携していないのではないでしょうか？　たとえば、定期的に開かれるG7や日米豪印のクアッドのような枠組みは存在していません。それをひとまとめにして、あたかも共通の利害で動いているように表現するのはいかがなものかと。しかも、それを親露派のインフルエンサーがしたり顔でやるわけです。あなたはいつからグローバルサウスの代表になったのですかと問い詰めたい。

結局、グローバルサウスとは現時点では一つの観念論の域を出ません。観念論上の存在を実在のものとして語ってもあまり意味がないように思えます。これは「BRICs」にしても同様です。

詳しくは後述しますが、現在、インドがロシアの原油を大量に購入するのが経済制裁の抜け道になっているという指摘があります。しかし、ＳＷＩＦＴ（国際銀行間通信協会）から排除されたロシアは原油輸出の対価をインドルピーでしか受け取ることができません。ところが、ルピーには厳しい取引制限があるため、ロシアはルピーを国外に持ち出すことすらできません。ＢＲＩＣＳｓですら一枚岩ではない。協力関係といってもこの程度なのです。

そう考えると、１００カ国以上がカテゴライズされるグローバルサウスなどというものに、共通の意見など存在するのか極めて疑問です。

それに比べてＧ７はたびたび首脳会談が開かれ共同声明も発表されます。事実として協力しているし、自由で開かれた世界という価値観を共有している。ふわふわしたグローバルサウスよりも実体を伴った枠組みであることは自明です。そして、日本はアジアで唯一、そのＧ７の一角を占めている。これはとても大事なことです。

中国の巨大経済圏構想「一帯一路」は、こうしたＧ７的な価値観に対するアンチテーゼでした。いわゆるワシントンコンセンサス的なグローバルスタンダードを押し付けるＧ７に対して、中国は発展途上国に寄り添うという謳い文句でしたから。しかし、そのワシントンコンセンサスには民主主義とか人権も含まれています。だから、国民の人権を顧みない独裁国家には援助しません。しかし、中国はこういった人権無視の独裁国家にもその国特有の事情があるので……と甘い顔を見せます。アジアインフラ投資銀行（AIIB）もBRICs銀行も要は「審査の甘いお手軽ローン」として登場しました。

しかし、それは単なる発展途上国向けのお手軽ローンではありませんでした。2023年6月15日、AIIBのグローバル広報責任者だったカナダ人のボブ・ピカード氏は、「AIIBは共産党に支配されている」と批判し、辞任しました。このことを重く受け止めたカナダ政府は即座にカナダ政府主導の取引をただちに停止する方針を明らかにしました。

カナダのフリーランド副首相兼財務相は14日、記者団に対し、中国が主導するAIIB＝アジアインフラ投資銀行におけるカナダ政府主導の取引をただちに停止する方針を明らかにしました。

取引を停止する理由についてフリーランド氏は、AIIBに勤めていたカナダ人の職員がAIIBの業務に深刻な懸念を示し、辞任したことをあげました。

そのうえで、AIIBの業務にカナダが、いかに関与にしているかについて、財務省に調査するよう指示したことを明らかにしました。

（ＮＨＫ ＮＥＷＳ ＷＥＢ ２０２３年６月15日配信 https://www3.nhk.or.jp/news/html/20230615/k10014099951000.html）

フリーランド財務相はＡＩＩＢからの脱退も示唆しています。最初から分かっていたことですが化けの皮が剥がれたということでしょう。

また、一帯一路に参加していたイタリアも２０２３年５月に脱退を検討していると報道されました。中国は必死で引き留めを図っていますが、イタリア国営放送によると、イタリアのタヤーニ外相はイタリアが「一帯一路」に参加したことによって「多くの恩恵を受けていない」との認識を示したそうです。

当初、ＡＩＩＢは日米を除くＧ７諸国が参加してしまい、分断工作として使われてしまいました。また、一帯一路にイタリアが参加してしまい、Ｇ７の結束にくさびが打ち込まれたかのように見えました。

ところが、ＡＩＩＢも一帯一路も明らかに行き詰まっている。最初から無理な設定だったのです。

また、中国から多額の援助を得ていたスリランカは政権自体が民衆蜂起で崩壊しました。中国から巨額資金を得て身の丈に合わないインフラ開発を行い、政治指導者の気まぐれで無農薬オーガニック農業を始めて農業生産性が著しく低下。そのさなかにコロナショックが襲い観光産業が大打撃を受けて、経済が急速に悪化したからです。もちろん、こんな経済状態では対外債務が返せません。債務不履行に陥り、債務の再編、リスケジュールが話し合われております。しかも、その話し合いのリーダーは中国ではなく、日本です。

中国は朝貢貿易の歴史が長く、アメリカにおける日本やイギリスのような対等なパートナーシップという概念が存在しないようです。中国の周囲にはラオス、カンボジアなどの国がいるものの、これらはパートナーではなくかつての属国の延長のようなもの。中国はこれをアメリカの同盟国のネットワークに対抗するつもりでつくったのかもしれませんが、結局うまくいっていないわけです。

イギリスやフランス発の情報には気を付けろ!

ここまで読んできて、「あぁ、自分もナラティブに引っかかっていたのではないか」「ロシアや中国の影響力工作に見事にやられていた」と思われた読者の方もいらっしゃるかもしれません。

どの情報が偽物で、どれが本物なのかを精査するにはどうしたらいいのか。その最大の方法は、**エビデンスをきちんと追うこと**です。

基本ですが、「この情報は本物だろうか」と思う情報に出合った際は、その主張を支えているものは何かをきちんと検討しましょう。その主張には、必ず何かしらの根拠となる客観的な数字など、その**証拠と主張を結びつける「ロジック・論拠」**があるはず。この証拠と論拠をきちんと確認することが必須です。

もしロジックか証拠のどちらかがおかしければ、成り立ちません。

可能であれば、一人ディベートを行い、自分の指示する理論だけではなく、反対の立場に立った理論も検証する必要があります。

いまは非常に便利な時代で、ネットで調べてみれば反対意見を検索することは可能です。たとえば、「ウクライナ侵略におけるブチャ虐殺はでっち上げだ」と言う人は、ぜひ反対意見も検索して読むべきです。有名な「ウクライナ人の死体が動いた」というデマの出所から、虐殺前後の衛星写真、ロシア側が何も起きていないと主張する道は実際に虐殺のあった道とは別のものだったことなど、数多の証拠を発見することができるでしょう。もちろん、その証拠を否定するだけの別の証拠を見つけられたらロシアのほうが正しいと言えるかもしれません。しかし、現時点でこれらの証拠を打ち消す新証拠は出ていません。つまり、マスコミの報道のほうが正しいという結論になります。

このように、自分の意見と反対の意見を検索し、議論を戦わせた末に、初めてナラティブに騙されない判断力が培われます。

なお、この際に確認したいのが、エビデンスの出典です。

今回のウクライナ侵略において、ロシア国防省並びに『スプートニク』や『RT』などロシアのプロパガンダメディアの発表はすぐバレる嘘も含めてかなりずさんでした。ロシア発の情報は要検証です。

また、ソースが西側諸国のメディアであっても、時には疑わしいこともあります。

特に危ないのが、イギリス発の情報です。

たとえば、2022年5月28日、イギリスのタブロイド紙であるデイリー・スター紙が、イギリスの諜報機関であるMI6の証言をもとに発信したのが「プーチン病気説」です。

この記事では、すでにプーチンには影武者がおり、病気で死亡しているのではないかとまで言及しています。もちろん、この説はハズれました。

イギリスは大国時代の行動パターンが抜けず、ロシアのナラティブに対抗して、イギリス発のナラティブ情報を流すことがあります。イギリス政府が積極的に情報を流すというよりは、民間が勝手に流すものが大半なのですが、前出の志田淳二郎氏もそうした理由で**「西側諸国であっても、イギリス発の情報にだけは気を付けろ」**と言っていました。

同じ理由でフランス発の情報にも、気を付けましょう。

第2章でもご説明したように、フランスもイギリス同様、大国プレイの癖が抜けません。過去には、ドゴール元大統領がNATOを脱退して、独自路線を歩んだこともありました。大国プレイは結構ですが、他国と足並みを揃えずに、国際秩序の結束を乱すのは権威主義国家に誤ったメッセージを与えます。2023年にもマクロン大統領が中国の習近平と会談を行い、「台湾有事が起こっても欧州は中立だ」という趣旨の誤解を招く発言をした理由もまさにこれです。もちろん、この発言は欧州諸国からも総スカンを食らい、マクロン大統領は釈明に追われました。

ただ、そんなリスクを冒してまでこの発言をした真意は、「フランスは独自外交を進めている」という幻想を、国民に振りまきたいからでしょう。

西側諸国とはいえ、イギリスやフランス発の情報には、注意が必要です。

ロシア敗戦後に想定される三つのシナリオ

本稿執筆中の現在、ウクライナ侵略をきっかけに、ロシアの状況は日に日に悪化しています。では、今後のロシアはどうなるのか。私なりの私見を述べたいと思います。

まず、このままいけば、ウクライナ侵略でロシアが負け、プーチン政権が倒れる可能性が極めて高いです。

重要なのは、ロシアがどうやって負けるか、です。

ロシアが迎える負け方には、三つのシナリオが想定されます。

まず一つは、**プーチンが今回の侵略戦争の責任を取るためにその座を追われ、別の誰かがその後釜に座る**ことです。

ただ、プーチンの首が誰か別の人間にすげ替わっただけでは、意味がないのも事実です。

なぜなら、「ロシア反体制派のカリスマ」「プーチンに最も恐れられた男」と呼ばれ、毒殺未遂にも遭ったことで話題になったアレクセイ・ナワリヌイ氏ですら、仮に投獄を解かれてトップになったとしても、その外交姿勢はプーチンと変わらないからです。

マッキンダーの理論にもあったように、ユーラシア大陸の中心にあるハートランドの国は経済的に安定してきて軍事力が高まると、南下運動を必ず始めます。すると、それを食い止めようとする、シーパワーとの衝突が起こる。

結局、ロシアの國體が変わらない限り、歴史は繰り返す可能性があります。

仮にロシア自体は弱体化しても、バックボーンは滅びずに残り続けるので、ロシアという国が残り続ける限り、国が力を取り戻したら同じような侵略行為が行われるに違いありません。この状態を、国際社会はどう判断するでしょうか。

NATOもその懸念を示しており、ウクライナの安全を確保する枠組みを構築することを強調しています。

【CNN】北大西洋条約機構（NATO）のストルテンベルグ事務総長は4日までに、ウクライナでの戦争が終結してもロシアが再び侵攻を企てる歴史の繰り返しを阻むため、NATOはウクライナへの支援を続けるとの見解を示した。

ノルウェーの首都オスロで開かれたNATOの非公式外相会合後の記者会見で表明した。事務総長は「我々全員は戦争の最中にウクライナをNATOの正規の加盟国にすることは出来ないことで意見が一致している」と説明。

その上で、「戦争が終えた時に起き得る事態への準備をする必要がある」とし、「歴史が繰り返されないことを確保する必要があるからだ」と主張。この歴史については、ロシア軍が再編成を進め、再び攻撃に踏み切るようなものだと述べた。

NATOは終戦後、ウクライナの安全を保障する「信頼出来る枠組み」を設けることを確実にする必要があるとも強調した。

（CNN「終戦後に「ロシアの再侵攻」阻む枠組み必要、NATO事務総長」
https://www.cnn.co.jp/world/35204728.html）

第二のシナリオは、このウクライナ侵略が終わった後、ロシアを国際秩序を守る側の国として生まれ変わらせるというものです。

一見、とんでもないシナリオに思えるかもしれませんが、第二次大戦に敗北したドイツは4カ国による分割統治と軍政を受け入れました。

日本はポツダム宣言を受諾しましたが、日本政府の解体は免れ、帝国陸海軍の無条件降伏の承認と、再発防止のための憲法改正も含む改革を約束することで国家解体を免れました。

かつての日本はシーパワーの国ではあったものの、日露戦争に勝ってからは徐々にアメリカとの対立を深め、最後は典型的なランドパワーの国であるドイツと共闘するという過ちを犯しました。しかも、ドイツと組んで19世紀的なバランス・オブ・パワーをやろうとして大失敗したわけです。

しかし、戦争に負けて、憲法も変え、旧軍も解散し、生まれ変わりました。西側諸国の仲間として、国際秩序の側に立つようになったのです。

ロシアも、ドイツの占領統治や日本のポツダム宣言受託のように、憲法や国際条約でもしっかり戦争放棄や戦力不保持を謳った条文を受け入れ、軍隊を解散し、外部の監査を受け入れるところまで振り切ることができれば生まれ変われるでしょう。これはロシア人のみならず、世界にとって望ましいことです。

第三のシナリオは、**ロシアがこれらの選択を受け入れず、国際社会のすべての提案を拒**

否して徹底抗戦し、最終的には国家が分裂してロシアの國體自体が崩壊するというものです。

このシナリオは結果こそ第二のシナリオと多少被りますが、最終的に國體が崩壊し、ロシアという国が消滅するという点が大きく異なります。ロシアが異常なまでの抵抗をして、文字通り全滅するまで西側と戦い、最後は力尽きるというシナリオです。その戦いの途中で大きな犠牲も出るでしょうし、混乱も広がるでしょう。ロシアが国家として弱体化する過程で、経済的にはどんどん中国の植民地と化していく。最後は、権威主義国家の最も重要な「権威」そのものが失墜し国家は解体する。まだ力のあるうちに第二のシナリオを自ら選択したほうが良さそうですが、果たしてロシア人はどう考えるでしょう?

おそらくは、この三つのシナリオのいずれかに落ち着くのではないかと思っています。すでにお気付きのことと思いますが、ロシアが勝利するというシナリオは最初から想定していません。それはあってはならないし、現下の情勢から勘案するに想定してもほぼ無意味なほど実現する可能性が低いシナリオだからです。

個人的には一番可能性が高いと思うのは、一番目の「プーチン自体は失脚するものの、ロシアの権威主義体制は終わらない」というシナリオです。

権力者がすげ替わっただけで西側諸国とかたちばかりの妥協をする。しかし、国内の改革を何もやらない。そんな場合、ロシアが再び経済的に豊かになったら、また他国への侵略に乗りだすでしょう。そのときは再びどこかの国がウクライナになる。本当に迷惑な話です。

シン冷戦時代の到来!?

再び冷戦時のような鉄のカーテンが東と西の間を遮り、ブロック経済が展開され、ロシアは中国への依存を強めるシン冷戦時代が何十年も続く可能性があります。

しかし、大国であっても、経済が円滑に回らなければ簡単に崩壊します。

事実、かつてソ連が崩壊したのも、石油価格の暴落が原因でした。米ソの軍拡競争を支えていたのは、ロシアの主な収入源である原油ですが、これが1990年代に大暴落します。石油価格が半値ほどに下がってしまい、産油国は全く儲からなくなってしまった。結果、その代表格であるソ連も経済的に困窮し、国内経済は壊滅。ついにギブアップしたという歴史的事実があります。このソ連崩壊こそが、今回のウクライナ侵略の遠因でもあるという指摘もあります。

今回、ロシアがウクライナ侵略を行ったのは、いわばソ連崩壊への復讐です。これは第一次世界大戦に負けたドイツが、第二次世界大戦でその復讐を果たそうとしたのと同じです。ドイツは占領統治によって二度目の復讐戦は諦めましたが、ロシアはどうでしょう？

そう考えると、今回、プーチンの失脚だけで終われば、ロシア内部には同じような被害妄想が残り続け、また似たような復讐が行われる可能性もあります。

それを踏まえると、人類にとって一番良いのは二番目のシナリオでしょう。

ロシア自体が生まれ変わり、民主主義的な国となり、「ロシアは帝国主義をやめます」と宣言し、憲法を変え、戦争放棄もしっかり謳う。しかし、そうなるにはロシア人自身が「モスクワ植民地帝国」と揶揄されるロシア的搾取の仕組みを拒絶し、人権と民主主義に目覚める必要があります。残念ながら現時点でそのような機運はありませんが。

未遂に終わったものの、ワグネル代表のプリゴジンの反乱を一部のロシア国民が歓迎したのも、弱弱しくなったプーチンの代わりに、より強いリーダーを欲しただけかもしれません。仮にそのような発想であるなら、ロシアは生まれ変わらず國體も温存されることになるでしょう。

ウクライナ侵略後、中国は……

ロシアの行く末はさておき、ウクライナ侵略が終われば、ヨーロッパ全体に流れている不穏な空気が消え、株価も上がるし、景気も一時的には良くなるはずです。

しかし、それで世界の不透明感がすべて払拭されるわけではありません。ロシア敗戦後、次に我々が注視すべき問題として挙がるのが、中国の存在です。

かつて東側諸国の大国として連帯感を出していたロシアと中国。ロシアが世界中から非難を浴びる中、中国が表立ってロシアを支援することはできません。習近平も内心ではプーチンを応援したいものの、「いまロシアを応援したら損だ」と分かっている。だからこそ、ロシアへ秘密裏に物資を出す程度にとどめています。

もっとも、ロシアと密接な関係を持っているといっても、地理的な関係からその限界もあります。もしロシアの領土が手に入るのであれば、中国は冷酷無比にその隙を狙っても全くおかしくはありません。その一つの段階として、ロシアが経済において中国の植民地になる可能性はずっと指摘されていました。前出の保坂三四郎氏は次のように指摘します。

中露共同宣言。米国や西側の「政治化」(民主主義vs権威主義)に対抗。アフリカと中南米を自陣に引き込むためバイ、マルチで協力。ロシアは軍事、経済、文化など多くの面で中国との関係(依存)を一層強める。↓ウクライナ取込みを狙ったプーチンのユーラシア統合計画は皮肉にも一帯一路に呑み込まれる。

ロシア大統領府と中国共産党中央委員会の対話強化が両国の「政党間の交流促進」につながる、とある。KGBが事実上温存されたことはいろんなところで書いてきたが、ソ連共産党中央委員会はロシア大統領府に置き換わったようだ。

露内務省と中国公安部が対テロ・国際犯罪、「カラー革命」に対抗して年次協議の開催を検討するらしい。共同軍事演習も継続。軍や警察の協力は新奇性なし。ただ重要なのは、情報機関の中国国家安全部と露連邦保安庁の協力にまで話は及ばない。国境紛争を経験し、潜在的不信の強いこの2国の協力の限界。

https://twitter.com/HosakaSanshiro/status/1638602651435761665

ロシア側も中国と接近し過ぎれば、「ロシアの國體」が破壊される危険性があることは理解しています。特に、中央アジアから極東にかけては中国に人口で圧倒されているので、入り込まれたら厄介極まりない。

中国は引き込みつつも、あくまで主導権はロシアが握り、自分たちに都合の良い協力だけを引き出したいとの思惑もあるのでしょうが、それがうまくいくかは分かりません。

次章以降は、今後、さらなる火種を持ち込みそうな中国を中心に、本書最大のテーマである「地経学」について論じていきたいと思います。

第5章

「地政学＋経済学＝地経学」とは何か？

「地経学」を知ることが国際情勢を読むカギ

本書でご説明してきたように、世界は「地政学」の原理によって動いています。帝国主義を掲げて領土を拡大するランドパワー。自由で開かれた交易を求めるシーパワー。両者の対立軸が、現代の国際情勢を知る上では欠かせません。

その中で、私が注目するのが、**「地政学＋経済学」を表す「地経学」**です。

簡単に言えば、自国の経済を武器として使う。これが地経学です。

核抑止によって通常兵器による戦いすら封印されている現在、ハイブリッド戦争という低強度の戦争が戦われるようになったことはすでに説明しました。ハイブリッド戦争は、マルチドメインであらゆるものの限界を超える手法がどんどん生まれている点です。

第1章でご紹介したように、真面目で気の弱い留学生が、ある日、突然工作員に変わって、破壊活動のお手伝いをさせられる……という出来事も起こっていますし、第3章でご紹介したような影響力工作も行われています。

つまり、ありとあらゆるものが、スパイや兵士、武器として活用される可能性があるのです。

そんな中で、**大きな武器となっているのが経済力**です。

たとえば、今回のウクライナ侵略において、ロシアはエネルギー資源を武器として西側諸国を恫喝しました。西側諸国はこれに屈しなかったため、エネルギー価格の高騰による大きな不利益を被っています。フランスやイタリアなどで物価の高騰に怒った国民がデモを起こし、大きな騒ぎになったことは記憶に新しいでしょう。

プーチンは物価高騰による不満で西側の反ロシア政権が倒れ、政権交代が起こることを狙っていました。そして、新たに誕生する親露政権には安くエネルギーを分け与え、手なずけるつもりでした。ところが、西側諸国はいまのところこれに耐え抜いて、ウクライナに対してより強力な武器援助を行っています。結果、プーチンの意図とは裏腹に、ロシア軍が駆逐されるリスクが高まってしまいました。武力衝突を起こす前の段階で、こちらの意向にそぐわないことを相手がやった場合は、経済を武器に恫喝して自分の言うことを聞かせようとする行為が、往々にして起こります。しかし、残念ながらその意図に反して結果は逆になることも多い。経済を武器に使うのは簡単ではないのです。

モノ余りからモノ不足の時代へ

しかし、効果は微妙でも、効果があると信じている人がいる限り、地経学的な手段は使われます。中国やロシアなどの権威主義国家はこれを常套手段としています。そして、これらの手段が使われれば、結果としてインフレ要因となる点に注意が必要です。

なぜなら、経済力を使った威嚇や攻撃を続けると、モノや資源の流通が止まりかねないため、いろんなものが供給不足になります。第二次世界大戦が終わって平和になったのに、その後冷戦が続いたため世界経済がインフレ気味であったことは偶然ではないのです。冷戦終結までは、旧社会主義圏にあった資源や人的リソースはほぼ使うことができず、冷戦終結後に比べれば相対的にモノ不足が起こっていたと考えていいでしょう。

私が大学一年生になった１９８９年、中国では天安門事件が起き、ドイツではベルリンの壁が崩壊して東西ドイツが統合しました。そして、二年後の１９９１年、ソ連が崩壊する大事件が起こりました。

冷戦終結で、これまで利用不可能だった社会主義圏の資源や人的リソースが利用可能となりました。ロシアは広大な国土を西側の技術によって耕し、農産物の輸入国から輸出国になりました。また中国は巨大な人口を外資に開放し、世界の組み立て工場へと変貌を遂げたのです。結果として、世界経済の生産能力が劇的に向上し、モノ余りのデフレ基調になったのです。そんな状況の中で、貨幣供給量を減らしてしまったら本当にデフレになってしまいます。だから、全世界が金融緩和をしてデフレに陥らないように頑張っていたわけです。ところが、日本だけは極めて愚かなことに金融緩和に消極的でした。その結果、物価はマイナス圏に落ち込み本当にデフレになってしまいました。まさに自国窮乏化策。地経学以前の問題でした。

いま起こっていることはこれとは逆の動きです。鉄のカーテンとベルリンの壁が再構築されるような世界の分断。分断した世界はいままでのように自由にモノを手に入れることはできず、何らかの制約を受けます。西側諸国がロシアのエネルギーにアクセスする時も、中国のハイテク企業が西側の半導体製造装置にアクセスする時も、さまざまな規制や監視を受けることになる。そんな不自由な世の中に戻ろうとしているわけです。

そしてそれが意味するところはインフレの長期化です。というか、もうデフレには戻れません。戻る理由がない。世界は分断され利用できるリソースはさまざまな制約を受ける上、その分断の原因となっている国際政治上の対立は解消される目途が立っていません。ウクライナとロシアは戦争を続けているし、習近平は台湾進攻を諦めていない。しかも、アメリカとの対話を中国が拒否している。世界第1位と第2位の経済大国が対立して、お互いに制裁を掛け合っている状況は容易に解消されることはないでしょう。

私はこの状況は数十年単位で続くと思っています。米中は核保有国だけに、直接軍事衝突することは考えにくい。それだけに米中冷戦はどちらかが音を上げるまでずっと続く。そんな気がしています。台湾進攻は冷戦期における朝鮮戦争みたいなもので、それ以降も対立は続く可能性が高いと思います。

レアアース輸出制限事件から見る「中国の地経学」

大砲やミサイルの代わりに、経済や資源を武器として他国に要求を突きつけるやり方を、中国は十数年前からやっています。

中国は2000年代に高度経済成長し、2010年にはGDP（国内総生産）で日本を抜きました。

それ以降、中国国内では「我々は資本主義国家に勝利した」という雰囲気があふれ、リーマンショックを巨大公共事業で乗り切ってからはさらに傲慢な態度を取るようになりました。そして、経済を武器にして「中国の言うことを聞いたらこんな支援をするよ。でも、逆らうとひどい目に遭うぞ」というアメとムチの政策を行うようになったのです。

２０１０年に起こった**尖閣諸島中国漁船衝突事件**は、まさにその象徴的な事例だと言えるでしょう。

同事件の経緯は、２０１０年９月７日、尖閣諸島を警備していた海上保安庁の船に、勝手に日本の領域に入ってきた中国の漁船が衝突したというもの。

当然、悪いのは衝突した中国側なので、当時この船に乗っていた中国人船長は公務執行妨害で逮捕されました。当時の首相であった中国の温家宝（おんかほう）が「船長を即時・無条件で釈放すべきだ。そうしなければ中国はさらなる措置を取る」と発言し、それに恐れをなした当時の民主党政権の仙谷由人（せんごくよしと）官房長官はこの船長をすぐに釈放してしまいました。

これに対して、日本の国内では当然反発の声が上がります。

ところが、自らの非を認めたくない中国共産党は、国内で反日感情を煽りそれが巨大な反日デモへとつながっていきます。伝統的に中国には、日本に少しでも負けるとメンツが潰れるという謎ルールがあります。そのため、中国共産党としても日本に断固たる姿勢を取っているというポーズを国民に示さないといけないのです。

同年9月24日に、中国政府は**レアアースの輸出禁止**に踏み切ります。自動車製造をはじめ、日本の産業にレアアースは不可欠なものなので、中国からの輸出が止まれば、日本の産業に大打撃を与えることは自明の理です。レアアースの供給は２００９年時点で97%を中国が独占していました。つまり中国は「こちらの言うことを聞かないと、大事なレアアースを止めて、お前の国の産業を潰してやる」と脅し、日本経済を締め上げようとしたのです。

事実、貿易統計を見ると、２０１０年9月には２２４６トンだった中国からのレアアースの輸入量は、翌10月には１２７８トンへと激減しています。また、事件の翌年となる２０１１年には、レアアースの年間の輸出枠は前年に比べて４割削減となりました。中国側の思惑通り、日本側は窮地に立たされました。

しかし、転換点はほどなくしてやってきます。２０１２年に、日本と米国、ＥＵ（欧州連合）が共同で中国の行為をＷＴＯ（世界貿易機関）に提訴し、２０１４年には勝利します。

ただ、中国がレアアースの輸出制限を続ける以上、日本側も何らかの工夫をして対策を取るしかありません。日本は官民一体となって調達先の多様化や代替品の開発を急ぎました。その結果、中国からのレアアース脱却が進み、レアアースの価格も２０１２年以降には大暴落。今度は中国のほうが窮地に立たされることになりました。

本来はただの威嚇行為のつもりだったのに、自国の虎の子の資産だったレアアースが暴落してしまったので、中国側も困り果てます。あまりにもレアアースの価格が暴落しすぎてしまったので、２０１４年には突然、輸出数量制限を撤廃し、翌年には輸出税も撤廃するなど、全面解除を行いました。

一時は高騰していたレアアースの価格も、２０１５年には２００９年頃の水準にまで戻り中国と日本の間で起こったレアアース輸出制限戦争は、いったん終止符が打たれました。

「経済」を武器にしても長期的には失敗する理由

このレアアース騒動を見て、「経済を武器にしておいて、中国は武器をうまく使えてないじゃないか」と思った方もいるのではないでしょうか。

そうなのです。地経学は一筋縄ではできません。なぜなら、そこには地政学のみならず、経済学の掟(おきて)が絡んでくるからです。

世の中には、**「経済学的思考」**と**「反経済学的思考」**というものがあります。端的にまとめると、両者の違いは次の通りです。

○経済学的思考

（1）自律運動命題：経済秩序は人間の意識から離れて自律運動した結果である。これを人間が意識的に操作しようとしたら、しばしばその意図に反した結果がもたらされる。

（2）パレート改善命題：取引によって誰もが得をすることができる。

（3）厚生の独立性命題：他者と比べた厚生の優劣よりも、厚生の絶対水準のほうが重要である。

○反経済学的思考

（1）操作可能性命題：世の中は、力の強さに応じて、意識的に操作可能である。

（2）利害のゼロサム命題：得をする者の裏には必ず損をする者がいる。

（3）優越性基準命題：厚生の絶対水準よりも、他者と比較して優越していることが重要である。

(出典：『経済政策形成の研究』野口旭編、ナカニシヤ出版)

地経学では、「世の中は力の強さに応じて意識的に操作可能である」と考えがちです。ただ、経済はそんな簡単なものではありません。

経済学的思考にある「(1)自律的運動命題」にもあるように、現在、市場にある経済秩序は人間の意識から離れて自律的に運動した結果です。これを人間が意図的に操作しようとしたら、しばしばその意図に反した結果がもたらされます。

レアアース輸出規制は、まさに典型的な例です。「日本を締め上げてやれ」と思って経済制裁をしたら、2012年の日本とアメリカとEUのWTOへの提訴で中国側の敗訴が確定。経済を武器に自分の立場を優位にしようとしたら失敗したのです。

中国のオーストラリア制裁から見る反経済学的思考の過ち

２０２０年に、中国がオーストラリアに対して行ったワインの輸入規制や留学生規制も、中国の地経学的なやり方がうまくいかなかった事例の一つです。

２０１０年代、中国とオーストラリアの関係は非常に良好でした。中国はオーストラリアの輸出額の34・３％を占める優良な貿易相手であり、中国が鉄鉱石をはじめとする大量のオーストラリア産の一次産品を購入してくれるおかげで、オーストラリアの経済はどんどん成長していきました。

一時は、世界有数の親中国家として、オーストラリアが中国に飲み込まれるのではないかという説も出たほどです。

しかし、２０１８年にオーストラリアは、中国通信機器大手のファーウェイの５Ｇシステムへの参入を拒否します。その二年後のコロナショックでも、オーストラリアが中国に対して新型コロナウイルスに関する透明性のある調査を求めたことも重なり、中国が著しく気分を損ねます。

オーストラリアへの報復として中国が行ったのが、**オーストラリア産品の輸入規制**でした。中でも大きなインパクトがあったのが、**オーストラリアワインに対して、2020年11月に最大212・1%という関税**を課すという経済制裁です。

それまでオーストラリアにとって、中国は最大のワイン輸出先だったため、ワインの売り上げは前年比97%減までに激減しました。

さらに、オーストラリアは世界三位の留学生の受け入れ大国であり、2019年の時点で、中高高等教育機関部門の海外留学生のうち、37・3%を中国人学生が占めていました。ところが、2020年6月9日に、中国教育部は、オーストラリアへの留学を検討する学生に「新型コロナウイルスの発生によって、アジア人差別が行われているため、留学に対して慎重に判断するように」と警告。

その結果、**留学を取りやめる学生も出て、留学生受け入れが大きな産業となっていたオーストラリア経済に、大きな打撃**を与えることになりました。

一連の中国の経済制裁によって、当然、オーストラリア国内では中国に対する反発が生まれます。

2020年以降は、国内の対中世論がより一層、強硬になり、2021年9月には対中国を想定し、アメリカとイギリスとの三国間軍事同盟としてAUKUSを組みます。アメリカとイギリスの支援のもと、オーストラリアが核ミサイルを搭載した原子力潜水艦の運用に協力するのは、まさに中国にとって最悪の事態です。シーパワー国家のより強い核抑止によって、中国の封じ込めが強化されてしまうからです。

対中政策を大きく転換させたオーストラリアの事例からも、地経学を武器にしようとしても、**経済学の掟に逆らえば意図したこととは逆の効果を生んでしまう可能性**があることがよく分かります。

地経学を戦術に取り入れる場合は、「自律的運動命題」や「操作可能性命題」などの問題を考慮する必要があります。

仮に自国の力が強くても、相手国を思うがまま操れるわけではない。

一瞬、相手国をコントロールできたように思えても、経済は自律的に運動しているので、長期間、時間が経つと意図したのとは異なるところに落ち着いてしまいます。

中国にとっては、日本やオーストラリアに嫌がらせをしたことが、中国の国益をのちに損ねています。もちろん経済的な攻撃を仕掛けることで一時留飲を下げたかもしれませんが、長期的には自分で自分の首を絞めたことになりました。

現在、米中デカップリング（経済が連動していない状態）が進みつつある理由もまさにこれです。中国が事あるごとに地経学的な嫌がらせするために、シーパワー側は備えを強化しています。いままで中国に生産拠点を持っていた工場や企業は、今後、中国に拠点を持ち続けることはリスクになるので、どこか別の土地に動かす必要性も出てくる。そうなれば、**「世界の工場」としての中国の役割は終わり**を告げます。さらにこの傾向が進んでいけば、いずれ中国が「世界の工場」の座を降りる日がくることでしょう。

2023年5月20日、G7広島サミットに合わせて開催された日米豪印のクアッドの会合では、まさにこの点が話題になっています。日経新聞は次のように報じています。

日本、米国、オーストラリア、インドは20日、広島で「Quad（クアッド）」首脳会議を開いた。重要鉱物の調達やサプライチェーン（供給網）の構築に関する協力を強める方針を確認し、中国の経済力を背景とした他国への威圧に対抗軸を打ち出した。

会議後に発表した共同声明で、民間主導の「日米豪印投資家ネットワーク」の立ち上げを表明した。先端半導体や重要鉱物資源などを念頭に戦略物資の生産と開発に共同で投資する戦略を協議する。４カ国と有志国で安定した供給網と投資環境を整える。

中国やロシアに依存しなくても経済がまわる体制を構築する。両国は外交問題に経済的威圧を絡める傾向がある。中国は新型コロナウイルスの発生起源をめぐり対立した豪州から輸入を制限した。ロシアもウクライナ侵攻後、エネルギー輸出を絞った。

（日本経済新聞　２０２３年５月20日配信　https://www.nikkei.com/article/DGXZQOGM201IB0Q3A520C2000000/）

備えあれば憂いなし。まさにその言葉通り、こちらも座して死を待つわけにはいきません。逆にこのような反応があるからこそ、資源を握ったほうが勝ちといった単純な地経学では、何も説明できないということになるわけです。経済の仕組みは我々が考えている以上に複雑なのです。

ランドパワー系の地経学はもう通用しない

ハイブリッド戦争で経済力を行使するのは、中国だけではありません。

本書でも簡単に軽く触れましたが、ロシアもまさに同じことをやっており、**資源を武器に、自国の意見に反対する国に対しては、石油やレアアース、産業の工業原料などの輸出制限を通じて、「自分たちの言うことを聞かないと困ったことになるぞ」と暗に恫喝**しています。

ウクライナ侵略にしても、プーチンはウクライナに戦争を仕掛ける前は、「ヨーロッパがこれだけロシアに天然ガスや石油を依存しているのだから、その供給を止めると脅せば、ヨーロッパ諸国はみんな腰砕けになって口を出さないだろう」と考えていました。

ヨーロッパが結束できなければ、ウクライナ軍は弱いので、やられ放題になるはず。領土を3日で強奪して住民投票を行い、「ウクライナの人々も併合を望んでいるのだから、ロシアと併合して何の問題があるのだ。ダメならお前たちに供給しているガスを止めるぞ」と脅せば、きっとなし崩しにウクライナをロシア領にできるだろうと想像していたことでしょう。

ところが、実際にやってみたら、そんな脅しにはヨーロッパは屈しなかったし、むしろ各国で「ロシアの資源はなるべく買わないようにしよう」「今後はロシアに石油を売らせない」と、ロシア側に制裁を加える動きが出ています。

さらにG7やEU、オーストラリアなどが、海上輸送されるロシア産原油を1バレル60ドルの上限価格に設定するなど、ロシア政府の国庫に直接ダメージを与えるような制裁を次々と科してきました。現在、ロシアに行く船には海上保険が掛けられない状態になっており、結局、ロシアは自分の行為がブーメランとなって返ってきて、大変なダメージを受けました。

プーチンの敗因は、**自分が信じるランドパワー系の地経学がいまの時代も通用すると思い込んでいたこと**です。でも、ヨーロッパ諸国には「国際秩序を守る」「自由で開かれた社会を守る」という信念が強かった。プーチンはこの価値観を見くびっていた。それがとんだ見込み違いでした。

ウクライナの穀物輸出妨害でも失敗に終わったロシア

しかし、ロシアはなかなか懲りません。このように石油や天然ガスの供給に関して失敗経験があるにもかかわらず、侵略戦争を開始した後に、またもや地経学的な脅しをヨーロッパ諸国に仕掛けました。

それが、黒海を閉鎖した、**ウクライナの穀物輸出の妨害**です。ウクライナは世界有数の穀物地帯で、その穀物は海を通じてアフリカ諸国へと輸出されていました。しかし、ロシアが黒海の海上交通を封鎖したことによって、アフリカをはじめとした世界中の穀物需給バランスが滞り、価格も値上がりしました。

当然、世界中の人々の不満が高まるので、ロシアは**「アフリカが飢えているのは、ウクライナがロシア軍に抵抗を続けているせいだ」という世論**をつくろうとします。ところが、明らかにロシアが悪いので、この世論形成にも失敗。

さらに、ウクライナから安全に穀物を運べる輸送ルートを確立しようとした際も、ロシアが反対してこのルートを潰そうとしたことで世界中から非難されます。ところが、2022年5月の段階でトルコのエルドアン大統領がウクライナのゼレンスキー大統領に対して「ロシアが封鎖する黒海からウクライナの穀物を輸出する際は協力する」と伝えたことで、ロシア側も折れ、穀物輸出に合意。輸送ルートが確立されることになりました。ロシアの黒海艦隊はウクライナのミサイル攻撃により弱体化しており、トルコ海軍が本気で出張ってきたら絶対に勝てないからです。

この話には続きがあります。この際につくられた穀物輸出のインフラが弱く、結局アフリカまで穀物が到達しませんでした。その結果、ヨーロッパ市場にウクライナ産の穀物が多数輸出されることになりました。

思った以上に豊作だったことも相まって、当然、穀物価格が暴落。結果、ついにはポーランドやハンガリー、スロバキアなどの近隣諸国は、ウクライナからの穀物を禁輸にすることになります。プーチンの目論見は見事にハズれてしまいました。反経済学的思考破れたり！

これを見ても分かるように、地経学的な「これを制限すればみんな音を上げて俺の言うことを聞くだろう」という企みは、よほど特殊な条件が揃わないとうまくいかないようです。繰り返しになりますが、経済には自律的に運動する独自のルールがあるので、経済を完璧にコントロールすることは、どんな大国であっても不可能なのです。

石油を売ってもインドルピーが使えないロシアの窮乏

西側諸国以外のアフリカやアジアの国々とは、いまだにロシアは関係性を築いています。

しかし、デカップリングが進むと、不都合なことも出てきます。

その典型的な例が、**ロシアとインドの交易**です。ウクライナ侵略以降、西側諸国がロシアの原油の買い控えを行う中、ロシアはインドや中国といった国々に原油を売却していました。インド国営のバローダ銀行の分析によれば、２０２２年のインドのロシア産原油の輸入量は、前年比で10倍に増加したとのこと。従来は、原油の輸入は中東産に頼っていましたが、安価なロシア産原油にシフトしつつあるようです。

この原油の対価をインドが何で支払っているかというと、インドルピーです。それゆえ、ロシアは大量のインドルピーを得ることになりました。

しかし、２０２３年5月5日のブルームバーグの記事によると、貿易で得た数十億円分のインドルピーを、ロシアは全然使うことができていないのだそうです。

（参考記事「Russia Says It Has Billions of Indian Rupees That It Can't Use」

https://www.bloomberg.com/news/articles/2023-05-05/russia-says-it-has-billions-of-indian-rupees-that-it-can-t-use#xj4y7vzkg）

なぜならインドはいまだ厳しい資本取引規制を行っており、居住者と非居住者の為替取引を規制し、オフショア市場（国内の金融市場とは別に、規制や税制面で優遇されている国際金融市場で、主に非居住者が資金の調達や運用を行う市場）が存在しません。つまり、基本的にはインド国内の銀行や取引所でないとほかの通貨に替えることができません。これはいわゆる通貨防衛策です。厳しい取引制限を加えることでインドルピーの価値を維持しようとしているわけです。

それゆえ、インドから石油の対価としてインドルピーが支払われても、インドの銀行にあるロシアの石油会社の口座にルピーが貯まっていくだけになります。多額の原油収入はほかの通貨に両替もできない。ロシアがインドから輸入しているものはもともとあまりないので、このインドルピーは使うに使えないお金ということになります。

流動性のない資産はゴミ同然です。

ロシアとしては、西側諸国の国々と交易ができなくても、抜け道を使えば外貨を獲得できると思ったのでしょう。それはある意味正しかった。インドルピーという外貨を大量に得たわけですから。ところが、そのインドルピーはドルやユーロや円に両替できなかった。インドの銀行口座の通帳には今日も空しくインドルピーが入金されていきますが、なんも使えません。痛恨のミス！！！

これもまさにロシアの地経学の目論見がハズれた一例と言えるでしょう。

半導体製造装置を武器に反撃する西側同盟国

ロシアや中国が経済力を使った攻撃を続ける中、西側諸国も黙って受け入れているわけではありません。

現在、アメリカは台湾有事をほのめかす中国に対して積極的にデカップリング政策を行っています。その中でも特に力を入れているのが**半導体に関する規制**です。現在、「半導体は産業のコメ」とも言われていますが、半導体の確保が世界各国の命題となっています。

アメリカからすれば、今後、中国が半導体産業に大きな影響力を持てば、より一層の経済力を使った威嚇行為を世界で行いかねないと懸念したのでしょう。そこで、これ以上、中国の半導体産業を発展させないために、中国に制裁を加えて、中国経済にダメージを与える戦略を取っています。

すでにトランプ前大統領の時代から、安全保障などを脅かす危険性のある中国企業などを対象に、半導体の輸出規制が行われてきました。

2022年10月にバイデン大統領が発表した新たな規制では、半導体に関わる対象品目や対象範囲が大幅に拡大されました。中国の半導体産業全体を規制対象とし、中国の高度な半導体の購入や製造、AIやスーパーコンピューターの開発を規制し、アメリカ人が中国の半導体産業に関わることを禁止するなど、かなり厳しい措置を取っています。その結果、中国の半導体メーカーなどで働いていたアメリカ人が、どんどん中国企業を去っていく事態が起こりました。

また、アメリカは同盟国に対しても先端半導体製造装置の中国に対する輸出規制を求めるなど、かなり厳しい措置を取っています。

アメリカが中国に対して行っているのは、経済戦争における自衛権の行使と考えてください。仮に中国が自由で開かれた社会をつくる国際ルールを守るのならば、アメリカも制裁を加えたりなどしません。

ところが、現実には、陰でロシアに武器や半導体を供給したり、ロシアに販売した半導体を使ってより強い武器を作るといった、非常に軍事的な動きを見せています。

中国のこの動きを増長させたら、自由な交易は許さず、南シナ海も自分の縄張りにして気に入らない船は通さないといったような政策をやりかねません。

だからこそアメリカは、「そんなことはさせまい」と中国を制裁するわけです。

もちろん、自律的運動命題の発想に従えば、中国はこのような地経学的なアメリカの動きに対して、その意図とは逆の結果を出すことも可能です。独自に半導体製造装置やソフトウエアを開発し、欧米や日本を追い抜けばいいのです。ところが、中国がそれに成功する確率は極めて低い。なぜなら、イノベーションとは経済的自由によってもたらされるからです。人々が自由に研究し、それを商売にして得られた対価を自分の私有財産にできる。これらが保障されて初めて人々のアニマルスピリッツは発動します。逆に、これらが保障されない世の中においてイノベーションは生まれません。

いまの中国を見てください。そもそも経済的な自由は保障されているでしょうか？ある程度はされているでしょう。共産党の虎の尾を踏まない限り、という条件付きで。そして、虎の尾を踏むと、ある日突然その商売は「お取りつぶし」となります。

2021年9月、中国政府が打ち出した「学習塾禁止令」により、中国各地で学習塾の閉鎖が相次ぎました。ある日突然共産党の考えが変わり、過熱する一方の受験戦争を助長する存在として塾が「取り締まり」の対象となったことが原因です。さて、こんな国でイノベーションが生まれるでしょうか？　確かに特定の分野で特許の数が増えているといった指摘はあるかもしれません。しかし、それが産業までに育つにはまだ越えなければいけないハードルがいくつもあります。もし、いまの中国のやり方が正しいなら、ソ連は崩壊しなかったはずです。ところがソ連は崩壊した。やはり、イノベーションを政府が主導することはできないというのは、歴史的な事実ではないでしょうか。

ＴｉｋＴｏｋが世界中で規制されるワケ

中国発のアプリ「ＴｉｋＴｏｋ」。日本でも利用者はどんどん増えていますが、世界ではＴｉｋＴｏｋの使用を禁ずる国が増えています。

動画投稿アプリＴｉｋＴｏｋ（ティックトック）は、親会社の中国ＩＴ大手バイトダンスがユーザーの個人情報を中国政府と共有しているとの懸念から、各国で同アプリの使用が制限されるのではないかとの見方が強まっている。ＴｉｋＴｏｋはすでに数カ国の政府端末で禁止されている。

米国では、議員が中国との関係悪化と選挙の情報操作を使用にＴｉｋＴｏｋを禁止する法案を提出。ＴｉｋＴｏｋは複数の州で政府端末での使用が禁止されており、同国の一部の大学では学生が学校のインターネットを通じてＴｉｋＴｏｋにアクセスできないように制限されている。米国以外にも、10カ国近くが同様に政府端末でＴｉｋＴｏｋの使用を禁止している。

各国では、中国の２０１７年施行の国家情報法に基づき、ユーザーの個人情報が中国政府と共有されることが懸念されている。フォーブスによると、バイトダンスがＴｉｋＴｏｋを利用してユーザーの位置情報を無許可で収集しようと計画していた。こうした監視やトラッキングに関する報道を受け、各国では政府端末でＴｉｋＴｏｋを禁止したり、政府のＷｉ－Ｆｉでアクセスできないようにしたりする法案が推進されている。また、アプリがユーザーのキー入力を監視しているという報告もある。

フォーブスは、昨年行われた米国の中間選挙で、米政治家に関するいくつかの動画が中国政府系のアカウントによって拡散されたと報じており、ＴｉｋＴｏｋが分裂を促しているのではないかという議論が生じた。ウッドロー・ウィルソン国際学術センター・キッシンジャー米中関係研究所のロバート・ダリー所長は、中国政府がアプリ上でプロパガンダを拡散する可能性が、米国にとって脅威になると指摘した。

（2023年6月9日　Ｆｏｒｂｅｓ Ｊａｐａｎ「各国で続く政府端末でのＴｉｋＴｏｋ禁止、その影響は」https://forbesjapan.com/articles/detail/63763）

各国がＴｉｋＴｏｋを規制するその理由は、このサービスが中国の情報収集に使われている可能性が高いからです。

中国の国家情報法ではいかなる組織も個人も、国家の情報活動に協力しなければならないと定められているので、中国企業は、中国当局から「このデータを渡せ」と言われたら逆らえません。

さらにＴｉｋＴｏｋなどを通じた中国系アプリを使えば、位置情報や利用履歴などを分析することで、利用者の住所や職業などが特定できるとも言われています。仮に、アメリカ政府の重要人物や企業の幹部などの個人情報が中国政府に渡り、脅迫などに使われたら国家の安全保障に関わる可能性もあります。

ＦＢＩ（アメリカ連邦捜査局）のクリストファー・レイ長官も「中国政府は中国系動画

投稿アプリ・ＴｉｋＴｏｋを利用して数百万人に上る米国ユーザーのデータを管理する可能性がある」と述べています。最終的に中国政府の支配下にあるツールで、国家安全保障上の懸念は明白です。

実際、中国はＴｉｋＴｏｋを通じてアメリカの世論の反応などを見ていると言われています。

「こういう発言をすればアメリカ人の興味関心を買うことができる」と分かれば、アメリカにデマをバラ撒く上で役に立ちます。だから、どういうかたちでデマをバラ撒けばうまくいくかについて、ＴｉｋＴｏｋを通じて日夜分析を重ねているわけです。

また、レイ長官が危惧していたように、ＴｉｋＴｏｋを使ってアメリカ人の個人情報を収集していると言われています。アメリカには住民基本台帳はありませんが、そうしたデータが中国側でつくられていたとしたら、非常に恐ろしいことです。

つまり、情報工作や影響力工作の精度を上げるための有力なツールとして使われる可能性がある以上、利用することはできない。

その動きを受けて、各国で進んでいるのがＴｉｋＴｏｋの使用禁止です。

２０２３年２月に、アメリカでは連邦政府職員の公用端末でのＴｉｋＴｏｋの使用が発表されました。続く5月には、アメリカのモンタナ州が全米で初めて、ＴｉｋＴｏｋの全面禁止法案を可決しました。今後、アメリカ全土でこの動きは進んでいくかもしれません。

ヨーロッパでもＴｉｋＴｏｋ禁止の動きは波及しており、ベルギー、イギリス、カナダ、オーストラリアなどでは、政府端末でのＴｉｋＴｏｋの使用を禁止しています。

各国の中でも、対中政策として一番厳格な対処を行っているのがインドです。２０２０年6月の時点で、インド政府はとっくに国内でのＴｉｋＴｏｋの使用は禁止しています。２０２１年1月には、プライバシーとセキュリティーに関する中国企業の対応に不信感を持ったとして、中国企業の59のアプリを禁止しています。

対する日本は、ＴｉｋＴｏｋで自治体をアピールするとまで言っていますから、どこまでいってものほほんとしています。ようやく２０２３年2月になってから、政府端末でのＴｉｋＴｏｋ使用を規制する動きが始まりました。

松野博一官房長官は27日午前の記者会見で、中国系動画投稿アプリ「ＴｉｋＴｏｋ」を巡り、政府職員が使用するスマートフォンなどの公用端末のうち、機密情報を扱う機器を対象に利用を禁止していると説明した。その他のＳＮＳなどの利用も禁じているとした。

ＥＵの欧州委員会が職員の公用端末での利用禁止を決定したことを受け、政府の利用状況を尋ねる質問に答えた。広報目的など機密情報を扱わない場合でも「さまざまなリスクを十分踏まえた上で利用の可否を判断することとしている」と述べた。

松野氏は午後の会見で、サイバーセキュリティー確保の観点から「特定の国を対象としたものではない」と強調した。

（2023年2月27日共同通信「公用スマホＴｉｋＴｏｋなど禁止　松野氏、機密情報扱う機器で」https://nordot.app/1002787882445635584）

とはいえ、使用禁止は機密情報を扱う政府関連端末だけに限られているので、まだまだぬるい。私自身は、公務員についてはどこから情報流出するか分からないので、公用携帯のみならず、私物携帯もすべてＴｉｋＴｏｋの使用を禁じたほうがいいのではと思っています。

経済制裁を受けても台湾併合を掲げる中国の思惑とは？

西側諸国の中国に対する経済制裁は、国際社会からの警告です。

仮に中国が、台湾に対して武力に対する併合などを行えば、こんな経済制裁では済まないという脅しをかけている。

ただ、中国側にも「面子を守らなければならない」という指導者側の内なる論理があります。

なぜ中国がここまで「台湾併合」に固執するのかというと、**台湾併合とは、中国の指導者にとっては、まだ誰も成し遂げていない偉業**だからです。

習近平は「その悲願を達成するから、共産党のトップとして3期目をやらせてほしい」と主張し、共産党の長老からＯＫをもらって3期目の任期に入りました。自身が共産党の総書記である習近平にとって、いつかはやらなければならない大きな宿題である台湾併合。

では、いつ行われるのかというと、おそらく２０２４年１月の台湾総統選挙以降が可能性としては極めて高いのではないでしょうか。そのタイミングまでに台湾にさまざまな揺さぶりをかけようとしています。

だからこそ、西側諸国は中国へ警鐘を鳴らし、半導体制裁を行い、「武力による台湾併合を行うようなら、ただでは済まない」と警告しているのです。

中国が台湾を侵攻することを無理だと諦め、権威主義体制はやめて、習近平を追い出し、民主主義の国になれれば良いですが、そこに至るまでには大きな障壁がいくつもあります。ただ、ウクライナ侵略でロシアが負けている現状は中国にとって一定の歯止めになっているという見方もあります。逆に、ロシアの失敗を研究してより巧妙なかたちで台湾併合を仕掛けてくるかもしれないという見方もあります。さて、中国はどうするか。

少なくともロシアのように正面切って武力併合を仕掛けることには相当な躊躇があると思われます。まずは２０２４年１月の台湾総統選挙に向けて、徹底的な影響力工作を仕掛けてくるでしょう。そのとばっちりは日本にも絶対に来ます。ネット上のデマに要注意です。

経済制裁にはさまざまな種類がある

国際秩序を乱す国に対して発動される経済制裁と、いわゆる権威主義国家が行う経済を武器にした嫌がらせ。その違いについて改めて説明をしておきましょう。

その最大の違いは大義名分にあります。国際秩序を守る側の国々は武力による現状変更やそれにつながりかねない危険な行為に対して、はっきりとNOを突きつけるために経済制裁を行います。たとえば、北朝鮮の核開発、ミサイル開発に対しては、地域の安定を乱すものとして厳しい経済制裁が科せられています。結果として、北朝鮮経済は困窮し、相当無理してこれらの開発を続けざるを得ない状況です。このように、多くの国が連携して行う経済制裁にはそれなりの効果があります。

効果がある理由の一つは、経済制裁が「一対多」の関係で科せられるという点です。中国のオーストラリアに対する嫌がらせは、所詮中国一国の制裁です。これに対して、ロシアや北朝鮮への制裁は少なくともG7諸国およびその他同盟国が一斉に科しています。

さらに、北朝鮮を応援する国は別途セカンダリーサンクションと言って、北朝鮮同様の制裁を科される危険性があるため、そのことに慎重にならざるを得ません。全世界から孤立すればさすがに制裁は効きます。この点が権威主義国家が経済を武器に使って暴れるのとは大きく異なるところです。

とはいえ、経済制裁も完璧ではありません。抜け道もありますし、そもそも北朝鮮のように経済制裁を科しても核やミサイルの開発をやめないケースもあるでしょう。しかし、一罰百戒(いちばつひゃっかい)的な意味で、国際秩序を守る手段として非常に有効です。

たとえば今回、ウクライナ侵略を行ったロシアに対して使われた制裁に、**「金融制裁」**があります。

国際的な決済ネットワーク「SWIFT」からロシアを締め出し、ロシア中央銀行の資産を凍結するという金融制裁を行いました。

続いて行っているのが**「輸出規制」**です。

たとえば、アメリカの場合は、半導体やセンサーなどのハイテク製品の輸出禁止や、アメリカ企業やアメリカ人によるロシアのエネルギー産業への投資禁止など。EUも半導体などの先端技術を使用した製品の輸出制限の強化や、高級品や宝飾品など贅沢品の輸出を禁止しています。

日本も、半導体や軍事用途の品目や石油生産に伴う設備の輸出禁止や、ロシアへの新規投資禁止を行っています。

これは、輸出規制を通じてロシアの軍需産業に打撃を与えることで、ウクライナ侵略を早期に終わらせたいとの狙いがあります。

そのほかアメリカ、EU、イギリス、カナダ、日本などは、ロシアに対して**「最恵国待遇の取り消し」**も行っています。これは、WTOで結ばれた協定で、最も有利な待遇を相手の国に与えるもの。最恵国待遇の取り消しによって、ロシアからの輸入品を受け入れる際は、関税などが高くなり、ロシア側としては輸出がしづらくなる。

そのほかにもロシアに対する輸入規制として、原油や天然ガス、石炭などのエネルギー類、鉄鋼製品などの輸入禁止が各国で進められています。

こうした貿易の手続きの複雑化や輸入制限、関税アップなどは、経済措置としてよく行われるものです。

そのほかの経済制裁として代表的なものがロシアの民間部門の**「資産凍結」**です。今回のウクライナ侵略以降、ソ連崩壊後の民営化によって財を成した新興財閥（オリガルヒ）

やプーチン大統領の二人の娘など、プーチン政権と密接な関係にある人物が制裁する側の国で持っている口座を凍結する資産凍結も行われています。

オリガルヒはプーチン政権を経済面で支えており、この富裕層たちを制裁することで、ロシアの軍事侵攻に圧力を掛けるという狙いがあります。

地経学的な攻撃は一時的な混乱を避けられない

今後、デカップリングが進んでいく中、私たち日本人が心しておくことがあります。それは、地経学的な攻撃は、最終的には均衡をもたらしますが、攻撃直後は一時的に経済にダメージを与え、混乱の発生は避けられないという点です。

2010年に行われた中国のレアアースの輸出制限にしても、5~10年たったころには何も問題はなくなりましたが、レアアースの暴落が始まる2012年くらいまでは混乱が生じていました。

経済的な混乱が起これば、当初は「勝てる」と思っていた戦争も勝敗が大きく変わることがあります。ロシアの場合も、軍事力をもってすれば勝てると思い込んでいたところが、西側の経済制裁によって、国力がどんどん削られており、いつ国として破綻してもおかしくありません。経済のみならず、武力における戦争においても、ウクライナの反撃によって負けるリスクが高まっています。

中国にしても、デカップリングが進めば国内の景況は悪化します。中国の場合、経済問題は即政治問題です。国家として大きな試練を受ける可能性は十分にあります。

中国は人民元がドルに代わる基軸通貨になることを目指していましたが、人民元はいまだに為替レートが操作されていて自由に取引ができません。このように資本取引を制限する通貨は、利便性が高くないので、広く普及するとは考えにくいのです。

近年、西側諸国がロシアのウクライナ侵略に対する制裁としてSWIFTからロシアの銀行を締め出したことで、ロシアではドルで行っていた支払いを人民元に切り替えつつあります。

それによって、人民元決済に切り替える国が増えたため、「今後は人民元が、ドルに並ぶ主流通貨になるのでは」と言う人もいますが、本当でしょうか？　元々人民元による決済シェアは世界の貿易決済の2％程度でした。2022年3月の時点でこれが4・5％になりました。「すごい！　2倍になってる！」と思った人、釣られちゃ駄目です。結局、世界貿易の決済手段としては、依然としてドルが84%を占めており、強い立場は全く崩れていません。世界の貿易取引でドルやユーロ、ポンド、円が広く使われる理由はその利便性ゆえです。これらの通貨は自由に手に入り、自由で開かれた経済と結びついています。逆に言うと、資本取引規制下にある人民元とは別物。そもそも、人民元決済を了承する相手は少なく、人民元がより開放的な通貨になる兆しは見えません。このシェアの増加はノイズみたいなものです。

世界におけるドルに対する信任は大きいので、簡単に主要通貨が入れ替わるようなことはあり得ない。人民元増加の動きは、「今後、人民元を基軸通貨にしよう」というよりは、「ドルがロシアとの貿易に使えないから、仕方なく人民元を使おう」という消極的な理由で切り替えているに過ぎないと私は思います。

地経学で成功した事例はあるのか？

思惑通りにいかないのが地経学の特徴ですが、マイナスの結果ではなく、プラスの結果が出ることもあります。その代表例として挙げられるのが、**第二次世界大戦後の日本とヨー**

ロッパの復興です。

第二次世界大戦後、日本やヨーロッパの復興計画を立てたアメリカは、日本とヨーロッパに大きな経済的援助をして、自国にとって戦略的なパートナーとして育てました。

そして、戦争の痛手から立ち直った自由主義の国々が「やっぱり自由で開かれた社会っていいよね」と、国際秩序を守る側の同盟国となりました。アメリカは同盟のネットワークをつくり上げることに成功した。これが、アメリカの強さの根源です。

特に、ドイツや日本、イタリアは、戦前において現在のロシアのように自らの生存圏を主張して、武力による現状変更を率先して行っていました。しかし、国内の過激派を駆逐し、アメリカの介入を受け入れたことで、開かれた社会を守護する立場へと変わりました。

この**アメリカが行った戦後復興のプランは、地経学では成功したパターン**に入ると私は思います。

「アメリカの地経学は成功した」と口にすると、「ドイツのメルケル前首相がロシアからの天然ガスなどを大量に買い付け、プーチンを甘やかしたせいで、ここまで増長した」「日本は憲法9条を盾にして、ろくに防衛努力もせずに、アメリカの巨大な軍隊にタダ乗りしているだけ。国際社会の秩序維持には、大して貢献していないじゃないか」と反論する人もいるでしょう。

では、NATOとワルシャワ条約機構（WTO）の加盟国を比較してみてください。

1955年、ソ連はアメリカに代わる価値観を打ち立てようとして、ワルシャワ条約機構をつくりました。しかし、社会主義経済は行き詰まり、この同盟関係は維持することができませんでした。ワルシャワ条約機構は1991年、ソ連崩壊と同年に解散します。

その後、かつてワルシャワ条約機構に加盟していたポーランドやブルガリア、ルーマニア、チェコ、スロバキアなどの東欧諸国は、NATOに加盟します。中でもポーランドは、NATO加盟後は対ロシア強硬派になり、積極的にウクライナへの支援やロシアに対する制裁を働きかけています。

つまり、旧ソ連の地経学は失敗したのです。経済が破綻し、人々は困窮して、社会不安も高まった結果、東欧革命が起こり、ソ連も崩壊。完全に失敗に終わっています。この違いは一体何なのでしょうか？

結論を言えば、自由で開かれた社会のほうが強いということです。結局この道しかない。

戦後復興におけるアメリカの地経学が成功したのは、それが自由で開かれた社会を応援するものだったからです。

第6章

日本経済を地経学で読み解く！

世界的なインフレに備えよ！

最終章となる本章では、ドラスティックな変化を迎えた世界情勢において、我々日本人がどのような心構えをしておくべきなのかを論じていきたいと思います。

まず、最初にお伝えしたいのは、**「これから起こる世界的なインフレに備えよ」**です。

現在でもすでに世界的なインフレが始まっていますが、今後、この傾向はますます高まっていくでしょう。そこにはいくつかの根拠があります。

まず、一つ目の根拠は**「歴史上、インフレ基調とデフレ基調は繰り返すもの」**だからです。

近代資本主義の歴史は、インフレとデフレの繰り返しによって成り立っています。1900年代前半から1940年くらいまでは全世界的にデフレで、5年に1度くらいの頻度で恐慌があり、銀行などでも取り付け騒ぎが頻繁に起こっていました。

日本でも第一次世界大戦後に起きた戦後恐慌や1927年の昭和金融恐慌、1930年の昭和恐慌などがあります。

当時、デフレが起こった大きな理由は、全世界に「金本位制」（金を通貨の価値基準とする制度）が普及したことです。

人類は科学技術の発達によって生産力を増しており、実体経済の付加価値も増えているので、本来なら通貨量を増やす必要がありました。しかし、金本位制は、保有している金の総量によって貨幣の発行量の上限が決まるので、物理的な金の量が増えない限り貨幣の量も増えません。

金の保有量は、新たな金鉱山が見つからないことには増えない。結果、貨幣が不足し、デフレが起きます。モノよりもお金のほうが不足する状態が続き、人々はお金を貯め込んでモノを買いません。モノが売れないと景気が悪くなります。そのことに国民は不満を持ち、ストレス解消の過激な世論が盛り上がっていきます。これが戦争への火種でした。

１９３９年から第二次世界大戦が始まり、全世界が戦争に突入します。戦争ですぐにでも軍備が必要なのに、金本位制に頼っていては敵に勝てません。それに伴い、１９４０年頃から金本位制から脱却する国が増えていきました。世界各国が紙幣を刷り、武器弾薬を作り、兵隊を雇い、大戦争を始めます。一気に紙幣を刷ったことでデフレが収束し、インフレへと突入します。

そして、１９４４年、アメリカのブレトンウッズで開かれた連合国通貨金融会議で金本位制は終わりを告げます。ドルのみが国の兌換紙幣であり、各国通貨はドルと固定相場でリンクすることで通貨価値を保つ。ブレトンウッズ体制の始まりです。その後、戦後復興や朝鮮戦争の勃発によってモノの需要が高まり、インフレ率はどんどん高まっていきました。1970年代の石油ショックがそのインフレのピークとなります。

その後、1980年の第二次石油ショック前後を頂点として、インフレ率は低下基調へとシフトします。

決定的だったのは1989年の東欧革命と1991年のソ連崩壊によって、冷戦時代が終結したことです。

戦争が終われば、モノは自然とあふれていきます。冷戦の終結によっていままで使えなかった東側諸国のリソースも使えるようになり、世界の生産力はさらにアップしました。

その結果、1990年代から、物価上昇率が0〜2%の間をさまようディスインフレ時代が始まります。これに危機感を持ってデフレ対策としての金融政策を行った国はデフレにはなりませんでしたが、日本はインフレターゲット（政府や中央銀行が物価上昇率に一定の数値目標を掲げ、通貨量を調節することにより、緩やかなインフレを誘導し、安定した経済成長につなげる金融政策）の導入が遅れ、物価水準がマイナスになるデフレに陥りました。1998年から2012年までの14年間、日本のデフレは続きました。

2013年、アベノミクスによって日本の物価はマイナス圏を脱することができたものの、依然として物価は目標の2%には届かず、ディスインフレの状態が続きました。

そして、第二次石油ショックから40年。2020年のコロナショックによって、再び世界に大きな衝撃が走ります。新型コロナウイルス感染症による経済の停滞を防ぐため、多額の補助金や失業手当、定額給付金などが配られました。これに呼応して中央銀行は大規模な金融緩和を実施します。

その結果、各国で貨幣があふれ、1年間のタイムラグを経て、2021年から本格的なインフレが始まったのです。

これはあくまで仮説ではありますが、**経済の歴史を紐解くとインフレとデフレは40年間おき**に繰り返している。そのセオリーにのっとれば、2020年から始まる40年間はインフレの周期に入った可能性が極めて高いと考えられます。

戦争の時代への過渡期はインフレが起きる

今後、当分インフレは続くであろうと私が推察する根拠は、もう一つあります。

それは**平和の時代から戦争の時代へと移行すると、モノが貴重になり、インフレが起こる**からです。

今後もロシアや中国が権威主義的な姿勢を改めなければ、世界のデカップリングはますます進んでいくでしょう。そうなれば、モノの供給はいままでのように潤沢には行えなくなります。

本書でも何度かお伝えしましたが、世界が二つに分断されれば、主義主張が異なる国から自由にモノを仕入れて、外国の安い労働力を使って自由にモノをつくることが難しくなってきます。地政学的な理由でサプライチェーンが分断されて、世界中から安いモノを調達できる時代が終わったのです。

これまでのように、何でも世界中の安い原料を中国で組み立てれば良いという仕組みは、もう通用しません。さらに、中国の人口減少も進んでおり、従来のように安い労働力でモノを作れる時代は遠ざかっていくはず。

いままでのようにモノがあふれていた時代から、モノがなかなか手に入らない時代へ。これを象徴的に言うならば、本書の冒頭でお話ししたようなデフレ・ディスインフレの時代からインフレへの時代へ向かっていくのでしょう。

インフレは「キャズム」を越えた先に

今後、インフレが続いていくだろうと私が予想する三つ目の理由は、金融政策に関するアノマリー（理論的根拠があるわけではないが、相場での経験則）です。

先に紹介した昭和恐慌を脱するため、日本政府は金融緩和を行うものの、なかなかインフレ率は上がりませんでした。１９３７年頃になって、ようやくインフレ率が上昇します。馬場鍈一（大正時代の大蔵大臣・内務大臣）による放漫財政（政府が税収以上の金を使うこと）などの要因もありますが、インフレ率が上がるのに時間がかかった一番の要因は、人々の期待感が変化するのには時間がかかるということです。

何年もデフレが続くと、人々の期待がデフレ継続で凝り固まってしまいます。これを打ち崩すためには、金融緩和とある意味放漫財政による大盤振る舞いが必要です。しかし、それが短期間で終わったら人々の期待は変わりません。5～10年の長い歳月をかけて、やっと人々の期待が転換し、1937年になってやっとインフレへと転換したのだと思われます。

この期待感の広がりは、一つの商品がヒット商品として世間に普及するまでに至る「普及曲線」と、非常に近いものがあります。左ページの表を見てください。

新商品が出たとしても、誰もが最初から関心を持つわけではありません。新商品が発売されたとき、最初に興味を持つのは全体の2・5％ほどの「ギーク」や「イノベーター」と呼ばれるオタク気質な人々です。

その層に受け入れられた後は、感度の高い「アーリーアダプター」と呼ばれる13・5％の人々が使い始める。ただ、この時点でも、全体で合わせて16％程度にしかなりません。

この「アーリーアダプター」の枠組みを越えて、次の段階である「アーリーマジョリティ」の層に到達するのが非常に難しく、両者の間に広がるハザマを「キャズム」と呼びます。この深い溝を越えることができずに、多くの商品は市場から消えていきます。

「キャズム」をうまく乗り越えて、「アーリーマジョリティ」や「レイトマジョリティ」に

アーリーアダプターとアーリーマジョリティの間に発生する「キャズム」

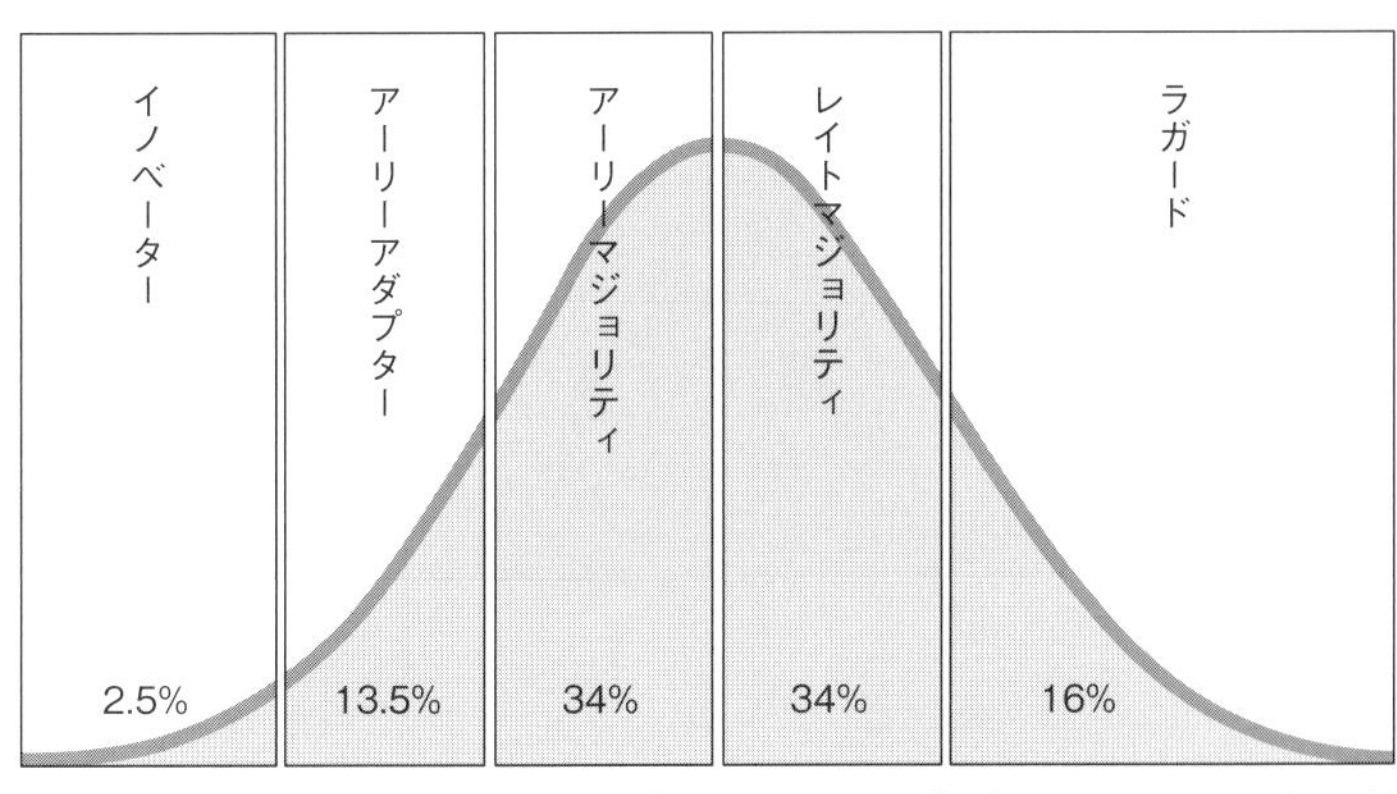

（出典：『キャズム――ハイテクをブレイクさせる「超」マーケティング理論』ジェフリー・ムーア：著、川又政治：翻訳）

訴えることができれば、全体の8割以上の客層を獲得しているので、十分にヒット商品と呼べるでしょう。

最終段階には「ラガード」と呼ばれる層がいますが、この層は何をしても新しい商品には飛びつきません。スマホ全盛の時代でも、いまだにガラケーを使っている頑固なおじいさんなどが良い例でしょう。

過去の商品で見れば、MDウォークマンや岩盤浴なども「アーリーアダプター」で終わった商品だと言われています。

金融緩和から人々が期待感を持ち、発想を転換するまでに至る過程は、この動きに非常によく似ているのではないでしょうか。最初は経済に関する感度の高い人々が「そろそろインフレが来るのではないか」とソワソワする中、いつしかその空気感が「アーリーマジョリティ」や「レイトマジョリティ」へと伝わり、日本全体でインフレ基調が生まれる。だからこそ、**金融緩和から数年間にわたって、「インフレが来る」という空気感が醸造された後に、実際のインフレが起こった**のでしょう。

アベノミクスで大勝ちした投資家は「イノベーター」だった

私自身は投資に関してはイノベーター気質があるので、時には時代に先んじ過ぎて失敗することもあります。

でも、忘れもしない2012年のこと。安倍晋三元総理による第二次安倍政権が誕生する選挙直前、私は「絶対に自民党が勝つ。勝った場合は、自民党は必ず金融緩和をやって、株価が上がるはずだ」と踏み、全財産を投じて株を買いまくりました。

2012年は日経平均株価が8000円台でしたが、2018年には2万4000円台まで上昇。私の購入した株も6年間で3倍になり、2018年に株式を売却。その際、まとまった財産を築くことができました。

このときの私のように選挙前後に投資を試みた人々が、「イノベーター」や「アーリーアダプター」であったと思います。

選挙で自民党が勝利した後は、「アーリーマジョリティ」がこぞって株を買い始めました。その結果、あっという間に日経平均株価は2万円を超え、新たに「レイトマジョリティ」たちも株を買い始めます。最終的には、普段は投資に全く興味のない「ラガード」に属する人々までもが株を買い始めたころには、株価はいったん調整することになりました。

先にご紹介した昭和恐慌から日本が脱した際も、商品の普及曲線に見られるようなかたちで、じわじわとその期待感が変化し、「キャズム」と呼ばれる〝深い溝〟を越え、「レイトマジョリティ」に属する人が「これはインフレが来るな」という期待感を持つようになる頃。それには、ちょうど5～10年ほどの時間が必要なのかもしれません。

そのころには、みんな「インフレが来る！」という気持ちが高まってきているので、商品の値上がりや会社の給与もアップに加えて、新天地を求めて転職する人が増えるなどの現象が起こり、少しずつ世の中が変わっていきます。

2023年現在、日銀がかれこれ10年近く金融緩和をしてきたことで、世間一般でも期待の転換が進んできたように思います。また、コロナショックに対する補助金を出したあたりから、情勢も一気に変わってきました。今後、「消費者物価指数が0%以下になる日が来る」とは、誰も思っていないでしょう。

こうした時代が3～4年と定着すれば、1970年代の小学生が経験したように、毎年モノの値段が当たり前のように上がる時代がやってきます。金利も高くなるので、お年玉を郵便局の普通預金に預けただけで、翌年には300円の利子がつくという時代が戻ってくるかもしれません。

少年時代に、「1万円預ければ300円もらえるなら、1億円を預ければ300万円の利子がつく。お金をいっぱい貯めれば、働かなくても生きていけるんだ」と考えたからこそ、私自身、ここまで頑張ってこられたのだと自負しています。

これからは世界がインフレ基調になる前提で、私自身、投資ポジションや事業計画も新たに練り直しています。

今後、投資を考えるのであれば、インフレを見越した対策を取ることが、ご自身が投資における「イノベーター」や「アーリーアダプター」になれる道筋だと私は信じています。

インフレ時代は「アリ」の日本人ほど活躍できる

インフレとデフレが定期的に入れ替わる40年周期や、シン冷戦構造によるモノ不足という地経学的な問題、経済データから推測される「金融政策は10年ほどたつと花開く」というアノマリーに基づく三つのエビデンスから、今後、デフレは終わり、インフレ時代になると私は考えています。

インフレに対してネガティブな印象をお持ちの方もいるかもしれませんが、心配はいりません。なぜなら、**インフレ時代は、日本人にとっては大きな力**になるからです。

インフレでお金が余っている状態は、モノの需要も高まるため、モノを作り続けないと不足してしまいます。一方で、原材料費などのコストの高騰は続くため、モノを節約して無駄なく利用する技術も必要です。

では、こうした創意工夫やたゆまぬ努力が得意な国はどこか。それは、日本です。

この話をご説明する上で、非常に分かりやすい事例となるのが、イソップ童話の「アリとキリギリス」の逸話でしょう。

せっせと毎日勤勉に働き、安定した生活と未来を手にするアリと、毎日を享楽的に生き、冬には行き倒れになるキリギリス。景気による働き方も、このアリとキリギリスに置き換えることができます。

デフレの時代は、キリギリスのように野放図にお金を使って経済を回したほうが景気は良くなります。貨幣を刷っては使い倒すことで、国も大きくなるし経済も発展する。

ただ、日本人はどうもキリギリスの経済は性に合わないようで、デフレ時代であっても、財政規律上の問題などを理由に、派手にお金を使うことを拒んできました。私自身は、アリでもキリギリスでも、情勢に合った適切な政策や対策を取るべきだと思っているのですが、日本人は政府債務の借金を過剰に気にするなど、倫理的にアリタイプの人が多い。

一方のインフレ時代では、アリタイプのほうが高いパフォーマンスを発揮します。インフレ時代、節約し、技術を磨き、少ない材料の中でいかに工夫するかを考えなければならない時、日本人はその強さを発揮します。

過去の歴史を見ても、戦後復興以降、日本は高度経済成長を迎え、石油ショックや変動為替制、プラザ合意などを乗り切りました。ここに至るまで、日本人は完全なるアリモードで、「24時間働けますか」というキャッチフレーズが出るほどに、誰しも粛々と働き続ける日々を送ってきました。

その後、迎えたのが１９８０年代後半から始まるバブル景気です。このころ、日本人は慣れないキリギリスとして享楽的に生きる体験もしました。しかし、次第に世界中がディスインフレモードに入り、日本にも経済の冬（デフレ）がやってきます。

きっと、バブルの終焉を体感した多くの日本人は、「やっぱりアリのように努力して生きるのが一番大切だ」と気がついたはずです。実際、日本人は、外国人に比べると見栄を張ったり、自慢したりするのが苦手な傾向もあります。高級車や高級ブランド品を買って見せびらかすのを良しとしない風潮があるからこそ、仮にお金持ちになってもどこか控えめです。

ならば、素直にアリとして生きるほうが良い。こうした生き方はインフレの過熱を防ぐ効果もあるでしょう。

実際にインフレ率が高まりすぎると、経済に打撃を与えます。当たり前のことですが、モノの値段が上がり過ぎれば、売れなくなります。モノが売れなければＧＤＰも増えない。そうなれば物価は上がっているのに景気は悪い、「スタグフレーション」という最悪の状態が生まれてしまいます。欧米諸国はそれを全力で回避するために利上げを行っています。

これからの40年間は、アリのほうが住みやすい世の中に変わります。

事実、終始アリモードで生きる日本人は、諸外国が高いインフレ率を記録する中、圧倒的にインフレ率を非常に低く抑えることに成功しており、各国から羨望のまなざしを受けているのですから。

日本の貿易収支赤字は心配する必要なし

2022年度の日本の貿易赤字は21・7兆円と過去最大を記録し、日本経済の破綻を心配する声も上がりました。ただ、これはあくまで**「輸出が多いほうが勝ちで、輸入が多いほうが負け。貿易黒字は強さの証しで、貿易赤字は弱さの印だ」**という**重商主義的な愚かな発想**です。

貿易赤字が多くても、実は全く問題はないのです。なぜなら、多くの国は輸入するために輸出しているからです。たとえば日本の場合は、家電製品とか自動車といった精密機械の部品を輸出することで、引き換えに食糧やエネルギー、精密機械を作る原料など日本にないものを海外から輸入しています。

逆にサウジアラビアやオーストラリアといった資源を豊富に持つ国は、資源を切り売りして、自分たちでは作れない自動車やカメラ、洗濯機などを海外から買っています。

つまり、**輸入が多いのは、国内の生産力よりも国内の需要が多いことの表れです。日本は国内の需要が高まっているからこそ、海外から輸入して、その需要を国内で満たしています。国内の消費が盛り上がるのは、悪いことではありません。**

実際、アメリカも貿易赤字が多い国として有名ですが、それは国内の生産力以上に需要が膨大だからです。消費が多ければ経済も活性化するし、決して悪いことではありません。

このように各国が独立状態を守りながら、お互いにそのルールに基づいた貿易をやって、足らないモノを補い合う。世界は分業し、巨大なサプライチェーンをつくって共生している以上、貿易赤字や貿易黒字が生まれることは当然なのです。

貿易赤字と同様、日本政府が大規模な海外投資を行うたびに批判が起こっていますが、これについても全く心配する必要はありません。なぜなら、日本国内に投資先がないからこそ、経常収支で得た資金を海外に投資しているだけだからです。対外純資産について、日本は世界一であることも、それを証明しているでしょう。

2023年以降は、日本が世界の工場になる!

国際社会から中国のデカップリングが進んでいけば、当然、これまで世界の工場として注目を浴びてきた中国から撤退する企業も増えていきます。その際、どこの国が世界の工場になり得るか。それは、日本ではないでしょうか。

中国が台頭する前のものづくり大国と言えば、日本とドイツでした。そして、その下請けを行う国が各国の周辺に散らばっていました。

現在、ドイツの下請けを行っているのは、東欧地域やイランが中心です。しかし、今後はロシアの存在がネックとなり、ドイツの下請けとなる国々には政治リスクが付きまといます。

一方、日本の下請けを行うのは、中国をはじめ、韓国や台湾、そして東南アジアなどの新興国が中心です。台湾については中国と軍事衝突するリスクがあるため積極的な投資はしづらい部分があります。韓国は中国との関係性が強いため、アメリカから半導体輸出を制限する経済措置を検討されたこともあり、同じくリスクを抱えています。また、東南アジアの新興国については、2022年の欧米の利上げの影響で2023年以降に経済危機を起こす可能性もあります。

そうなれば、**新規の投資対象として残るのはドイツと日本**。**この二カ国が今後世界の工場として復活する可能性**があります。これからのインフレ基調では、モノが足りない時代が来るので、その重要性はますます増していくはず。

日本人が世界の中で活躍する日は、もうすぐそこまで来ているのです。

ただ一つの懸念点としては、今後の日本人が、これまで海外の下請け国にやってもらっていた作業を、自国で供給しなければならない可能性が出てくる点です。働き方改革などが進む中、働き方が制限される風潮もあります。きちんと働いた分だけ儲かるシステムになれば、きっと日本人もその状況を受け入れるはずです。

大インフレ時代に必要なのは生産性の向上

世界の工場として活躍するために、日本が率先してやるべきこと。それは、**生産性の向上**でしょう。

ここ十数年ほどずっと掲げられてきたテーマではありますが、日本人が生産性を上げることは、私自身はそんなに難しいことだとは思っていません。

そもそも、これまで日本の生産性を下げていた最大の原因はデフレです。たとえば、お店に来客が一日一人でも、十人でも固定費は変わりません。デフレで需要が低迷することで、売り上げに対する費用の割合が高く、それが必要以上に日本の生産性を低く見せていました。デフレが終わり、インフレになるだけでこの問題は大部分解決します。

しかし、問題はその先です。

たとえば、私が新入社員だった1993年、銀行には携帯電話やタブレットはありませんでした。コンピュータはかろうじてありましたが、マウスもなく、使い勝手は非常に悪かった。ソフトも「一太郎」や「Lotus 1-2-3」しか入っていないし、インターネットもつながっていません。

あらゆるものは紙のやり取りで、お茶をくむためだけの一般職の女子社員が雇われるなど、非効率的な作業の連続でした。

でも、時代は変わりました。当時の銀行でワンフロア全員でかかりきりだった仕事も、これだけDX化が進んだ現在ならば、一人でやることは可能でしょう。AIの登場によって、人手すらも不要になるかもしれません。ところが、マスコミはマイナンバーと保険証の一本化にすら大反対している。これは本当に情けない。

人口減少と騒ぐなら、省力化に向けた努力は絶対に必要です。テクノロジーの進化がそれを大部分解決してくれるだろうと私は考えています。

もっとも、さらに生産性を上げるには、**規制緩和**も大切です。

自由な経済を生むには、いろんなアイデアをイノベーションに変える必要があります。イノベーションを生んで社会を動かした人は、きちんとリターンが得られて、私有財産が得られるサイクルも必要です。これこそ、まさに自由で開かれた社会と言えるでしょう。

この理念をしっかり守らず、社会主義的な規制を強化したり、増税ばかりを重ねたりするような世の中では、誰しもやる気を失います。

イノベーションを起こした人にはリターンが得られるような仕組みであれば、働く人たち自身がどんどん効率を上げようと努力します。仮に、一人で数人の高齢者を支える未来になっても、一人の収入がいまの二十倍になれば何の問題もありません。人口が1%近く減っても、生産性の上昇が一桁台後半から十数%なら、カバーできます。

世界トップレベルを誇る日本のインフラを海外に輸出せよ！

これからの日本が世界市場で生き抜く上での武器になるのではと私が考えているのが、**日本の生活環境、社会システムの海外輸出**です。

2000年以降、日本は非常に衛生的で快適な国になったと強く思います。私が小学生のころは、日本はまだまだ生活インフラについては後進国だったはずです。1968年に世界第二位のGDP大国にはなったものの、ショッピングモールなどもないし、駅のホームや飲食店内で煙草を吸う人も大勢いるし、街中で立ち小便をする人も少なくありませんでした。最近ジェンダーレストイレの導入が話題になっていますが、当時は男女共同便所も当たり前でした。

しかし、1980年代に入ってから大型スーパーが台頭し、2000年からはショッピングモールも増えていきました。

アメリカで1978年に公開された『ドーン・オブ・ザ・デッド（邦題：ゾンビ）』は、ショッピングモールでゾンビと戦う様子が描かれています。当然、映画内にはショッピングモールのシーンがいっぱい出てくるのですが、その様子を見ると、まさにいまのイオンモールのようです。

屋内にもかかわらずキレイな橋や噴水、子ども用のカートなどもあるし、お店の種類も豊富です。登場人物は銃の販売店から銃を奪ってゾンビを撃ち殺す。1978年の時点で、アメリカにはアイスクリーム屋から服屋までが回廊の両側に並ぶ大規模な商業施設が完成していたのです。

そこから二十年遅れて日本にはショッピングモールが建設されます。でも、二十年の遅れがあったにせよ、現在の日本ではアメリカのモールの清潔さを超えるインフラが生まれたと私は感じます。

先日、GDPで日本を抜いたと言われる台湾へ旅行に行きましたが、台北市の外に出ればトイレに使用した紙が流せず、使用したトイレットペーパーをゴミ箱に捨てるようなトイレがまだまだ主流でした。

日本も世界第二位の経済大国になってからインフラが整備されるまで、二十年ほどの歳月を要しました。その間、日本は軍備にほとんどお金を使わないで済みました。なぜなら、

80年代の後半からソ連崩壊などを経て東側諸国もいなくなり、目先の脅威が消えたからです。さらに、日米安保のおかげでアメリカの軍事力に乗っかり、軽武装で済んだため、安全保障に予算を振らずとも助かった。

結果、社会インフラの整備にこれらのお金を全部投じて、1945年から2000年までの五十五年間に、やっとここまでインフラを整備できたわけです。

台湾や韓国がGDPで日本を抜いたとしても、目の前の脅威に軍事費をそれなりに使わなければなりません。そうした制限がある中で社会インフラを整備するのは、なかなか大変なことです。

彼らに、日本が辿ってきた道を教えて、日本よりもさらに効率良く実践してもらうことで、インフラ整備などが進んでいくはずです。

日本型の暮らしは、広い家ではなくとも快適ですし、トイレも清潔。どんな場所でもだいたい鉄道やバスなどの公共機関を使えば移動できるし、食事もおいしい。

こうした**日本の都市インフラや快適な家のシステムを輸出できる**のではないかと思います。かつて、元都知事の石原慎太郎(いしはらしんたろう)氏が「日本の水道システムはすごいから、システムごと海外に売れるんだ」とおっしゃっていましたが、まさにその通りです。

安倍元総理も日本のインフラを「質の高いインフラ」と呼んでおられましたが、こういうものを日本の財産と捉えて、海外に日本型生活モデルを売っていくことはできないのだろうかと感じます。その先には、生活面で「JAPAN as No．1」と言われる時代が来るかもしれません。

今後、日本的なインフラや暮らしやグルメなどを含めて、世界の人が「これは良い」と思ってくれているものをどんどん海外に輸出して、インフラビジネスを発信すれば、新たなビジネスになるのではないかと思います。

石川県には「加賀屋」という有名な旅館がありますが、2010年に「日勝生加賀屋」として台湾に進出。現地で高い人気を誇っています。台湾の加賀屋に行った台湾人が、あまりのホスピタリティや施設の完成度に感動してファンになり、「日本の加賀屋にも行きたい」と石川県にある加賀屋の本店に大勢押し寄せています。

加賀屋のようなシステムが台湾で人気を博して、日本に観光客を呼ぶ起爆剤になっているのであれば、質が高くて快適で日本的な生活を憧れさせるだけではなく、「あなたの国でも、日本のような清潔で快適なインフラが体感できますよ」と売り込んで、輸出することもできるでしょう。

シン冷戦時代の戦争リスクから身を守るためには？

デカップリングが進む社会で私たち日本人が、インフレ対策以上に大事なことは社会のインフラそのものを守ること、つまり**安全保障**に関する問題です。最後にこの点について重要なポイントだけ述べておきます。

権威主義国家の軍隊は似たところがあります。ロシア軍を分析することは中国の軍隊の手口を学ぶことにも通じます。

権威主義国家の軍隊の大きな特徴は、部下が上官の命令には絶対服従する点です。上意下達で、兵隊は何も考えてはいけません。「一週間でこの土地を取ってこい」と上官に言われたら、どんなに犠牲を出しても、兵力を突っ込んで取ってくるしかありません。これが権威主義国家の軍隊の在り方です。

対するアメリカをはじめとする自由主義陣営の軍隊は、**「ミッションコマンド（Mission Command）」**という考え方が主流です。**ミッションコマンドとは、任務の目的の完遂を目指して、現場の状況に合わせて兵士たちが自主的に行動**します。

アメリカの軍隊の場合は、下士官クラスに大きな権限を与え、「そのミッションを達成するための手段はお前が独自に考えて自由に行動して良い」という自由裁量が任されています。無数にある選択肢の中で、最も犠牲が少なくて効率の良い手段を取ることが、下士官クラスには求められます。

また、ウクライナ軍がロシア軍に対して善戦している理由はまさにこれです。2014年のクリミア侵略のとき、ウクライナ軍は旧ソ連式の軍隊でした。これを八年かけて改革し、アメリカ式のミッションコマンドを取り入れました。結果として、ウクライナ軍はロシア軍を各地で打ち破っています。

権威主義国家が日本を攻撃してきたことを想定し、ウクライナの戦い方から徹底的に学ぶことが大事です。ロシアの手口を熟知したはずなので、知見を共有してもらい、大いに参考にさせてもらうべきでしょう。

自衛隊はネガティブリスト方式を導入すべし

日本も、ほかの先進国の例に漏れず、以前からこのミッションコマンドを取り入れています。ただ、日本の自衛隊の実戦における最大の問題点は、自衛隊法がネガティブリスト方式を取り入れていない点です。

ネガティブリストとは「現場でやってはいけないこと」をリスト化したものです。

米軍式のミッションコマンドを実践するには、**「軍隊としてやってはいけないこと」のネガティブリストが五個くらい決まっていて、それ以外は何をやっても構わない**という状態をつくらないと、自己判断して動くことができません。

しかし、日本の自衛隊はポジティブリスト方式なので、各種法律がその手足を縛るハードルとなっており、実戦になった際にもミッションコマンドの特性を活かして戦えるのかは未知数だと言われています。

なぜかと言うと、自衛隊は警察予備隊の後継組織なので、法的な位置付けが警察に近い。実際、内部部局と呼ばれる部署には警察官僚が入っています。そのため自衛隊法は警察法と同様、「軍隊としてやっていいこと」を定めたポジティブリストによって成立していません。ただ、平時は良いとしても、法律に書かれていないイレギュラーな緊急事態には対応できませんし、有事の時に自衛隊員の安全を確保することができません。

自衛隊が満足に動けなければ、自衛権の行使に支障が出てしまうのは自明の理です。

今後、ロシアや中国のリスクがさらに高まる中、自衛隊法はなるべく早く改正し、他国の軍隊同様にネガティブリスト方式を導入すべきでしょう。

突然、ネガティブリストを導入することに不安があれば、有事や緊急時のみネガティブリストに切り替えてもいいし、きちんと日本を守るために自衛隊のミッションコマンドが活きるような法整備をしていくことが求められます。

同様に、関連する法整備も行うべきでしょう。たとえば、外国の軍隊が沖縄や石垣島などに上陸してきた場合、侵略された場所を取り返すために砲兵陣地を組む可能性もあります。仮に自衛隊が緊急時に一時的に私有地に入った場合、また砲兵陣地を私有地に組んだ場合の補償はどうするかなど、現在の法律では整備されていないので、緊急時における民法の規定改正なども必要でしょう。

そのほか、装備品不足も問題です。日本の自衛隊は高性能な装備品をそろえていますが、弾薬や航空機の部品が足りないなどの事態も起こっています。

弾薬に関しては、現在、アメリカを頼ろうにもアメリカにも生産力の限界があるので「自国で何とかしてほしい」と言われている状態です。国内での弾薬供給を増やそうとしても、作れる場所がありません。なお、弾薬の製造ラインを作るには五〜十年かかるので、早めに進めておかないと突発的な有事には対応できません。

製造問題のみならず、保管についても問題があります。日本は火薬類取締法が厳しく、弾薬庫を新設するには膨大なスペースが必要です。弾薬庫を新設しようとすると、住民反対も起こりがちなので、弾薬庫を作る場所もない。緊急の法整備が求められます。

自衛隊は戦争をするための戦力ではない

日本が防衛力を高めることに対して、「日本は戦争をしてはいけない」と訴える声が聴かれることもあります。

ただ、多くの方が勘違いしているのですが、**戦争とは「武力による現状変更」**を意味します。**自分が攻撃された時に自国を守るのは、戦争ではなく自衛権の行使**です。

ウクライナ侵略は、ロシアにとっては戦争ですが、ウクライナにとっては自衛権の行使であって戦争ではありません。

また、日本は「戦力の不保持」が憲法で定められていますが、戦力とは、「War Potential」の訳語です。その意味では、ロシア軍や北朝鮮軍、人民解放軍は、「War Potential」です。これらの国々は武力による現状変更を実際に行ったり、それを行うことを公言している国だからです。これに対して、日本の自衛隊は武力による現状変更から自国を守るための軍隊です。これは、「戦力（War Potential）」には当たりません。自衛隊は「Professional Military」であって、戦争を仕掛けられた時に自衛権を行使するための実力組織です。

日本の左翼の人々が、過剰なまでに自衛隊や防衛に反応するのは、実はロシアのナラティブに支配されているからです。ロシアは戦争をしても日米同盟には勝てないので、日本人を扇動して、自ら日米同盟を破棄させる論調をつくり出しているのです。

そのナラティブの典型とも言えるのが、東大憲法学です。東大憲法学は、簡単に言えば、英米法でつくられた日本国憲法を、無理やり百年前のドイツ国法学風に解釈するという無茶な学問です。

東大憲法学の最大の無茶は、戦争を「戦うこと」と読み替え、戦力を「武器」と読み替えている点です。つまり、「日本人は武器を持ってはいけない」と解釈している。つまり、「日本人はやられても抵抗してはいけないのだ」と憲法に書かれているのだと解釈しているのです。

ただ、日本国憲法には、そんな文言は全く書かれていません。あくまで国連憲章と日米安全保障条約と日本国憲法はすべてワンセットであり、これらの条約を守るべしと明記されているのです。

憲法では、戦争と自衛権は明確に分かれており、戦争は放棄しても、自衛権を持ってはいけないとは書かれていません。自衛権は誰しもが有する権利です。日本がどこかの国に戦争を仕掛けられたら、当然、自衛権を発動するべきなのです。

国連憲章でも自衛権は認められている

自衛権については、国際社会における平和と安全の維持を目的とする団体である国際連合が定めた、国連憲章の第51条にもこのように書かれています。

この憲章のいかなる規定も、国際連合加盟国に対して武力攻撃が発生した場合には、安全保障理事会が国際の平和及び安全の維持に必要な措置をとるまでの間、個別的又は集団的自衛の固有の権利を害するものではない。この自衛権の行使に当って加盟国がとった措置は、直ちに安全保障理事会に報告しなければならない。また、この措置は、安全保障理事会が国際の平和及び安全の維持又は回復のために必要と認める行動をいつでもとるこの憲章に基く権能及び責任に対しては、いかなる影響も及ぼすものではない。

つまり、どこかの国が戦争を仕掛けてきた場合は、国連は武力による国境変更は決して許さず、国連も安保理決議などの手続きが終われば、援軍に駆けつけてくれます。ただ、安全保障理事会が動くまで、その国が自衛力で持ちこたえる必要があるのです。その間に占領されてしまっては元も子もないので、自助努力でなんとかしてほしいと訴えているのです。

だから、万が一、他国に攻め込まれてしまった場合は、**国連や同盟国だけに頼らず、自衛する意識が必要**なのです。

現在の日本は、日米同盟が戦争の抑止力として大きな存在感を持っています。

本書でも何度かご紹介しましたが、2020年の段階で、ロシアの保安局であるFSB（連邦保安庁）が、日本かウクライナで紛争を起こそうと検討した際、「日本を攻撃したらアメリカが出てくるから駄目だ」と紛争を断念したという報道がありました。日本には日米安保があるので断念し、最終的にはウクライナがターゲットになったと言われています。

現在でも「日米安全保障条約をやめて、武装して中立の立場を取れ。日本独自の路線を追求すべきだ」との声は極左や極右どちらからも上がっていますが、仮にアメリカとの同盟を日本がやめた場合、日本独力で太平洋方面まで守らなければなりません。そうなれば、世界中、見渡す限りが敵だらけとなり、第二次世界大戦時のＡＢＣＤ包囲網の二の舞になる。極めて非現実的な話であり、それは日本にとって非常にリスキーな状況でしかありません。

岸田外交はシーパワーの国として正しい判断

現在の岸田文雄総理の動きは、**自由で開かれたインド太平洋という安倍元総理の価値観外交を継承**しています。安倍元総理がつくったレールの上を、岸田総理はきちんと進んでいる点を、私としては評価したいと思っています。

シーパワーの地政学で考えれば、自由で開かれたインド太平洋を脅かす脅威があれば、それに対処する必要があります。よって、ロシアや中国が武力による現状変更を行おうとするのであれば、日本も同盟国とともにこれを阻止する。具体的には制裁や武力による反撃が想定されます。

「現在、日本と中国の経済は切っても切れない関係なのだから、中国と何が何でも仲良くするべきだ。そのためには、中国の人権問題には目をつむろう」という主張はこの価値観に反します。そんなことを言えば日本は同盟国の中で信頼を失うことになるでしょう。

ウクライナ侵略でも、当初日本は武器を提供できませんでしたが、アジアの国で唯一制裁に参加し、「国際秩序を守る」というメッセージを、身をもって発信しました。岸田総理は外交と安保政策においてはしっかりと安倍路線を継承していると思います。

この点は素直に評価したいです。

これまでご紹介してきたように、「地経学」を通して世界を見れば、その構造が驚くほどよく分かります。これからの世界を生きていく上で必要な地経学の考え方を、本書で身につけて頂くことができたなら幸いです。

参考文献

■ **デンジャー・ゾーン 迫る中国との衝突**
ハル・ブランズ(著)、マイケル・ベックリー(著)、奥山真司(翻訳)

■ **見えない手 中国共産党は世界をどう作り変えるか** 単行本(ソフトカバー) - 2020/12/25
クライブ・ハミルトン(著)、マレイケ・オールバーグ(著)、奥山真司(監修)、森孝夫(翻訳)

■ **平和の地政学 — アメリカ世界戦略の原点** 単行本 - 2008/5/1
ニコラス・J. スパイクマン(著)、Nicholas John Spykman(原名)、奥山 真司(翻訳)

■ **"悪の論理"で世界は動く! ～地政学 — 日本属国化を狙う中国、捨てる米国**
単行本 - 2010/2/19
奥山 真司(著)

■ **戦争の地政学(講談社現代新書)** 新書 - 2023/3/16
篠田 英朗(著)

■ **集団的自衛権で日本は守られる なぜ「合憲」なのか** 単行本(ソフトカバー) - 2022/11/18
篠田 英朗(著)

■ **ほんとうの憲法:戦後日本憲法学批判(ちくま新書 1267)** 新書 - 2017/7/5
篠田 英朗(著)

■ **憲法学の病(新潮新書)** 新書 - 2019/7/12
篠田 英朗(著)

■ **米国の冷戦終結外交:ジョージ・H・W・ブッシュ政権とドイツ統一** 単行本 - 2020/6/1
志田 淳二郎(著)

■ **ハイブリッド戦争の時代** 単行本 (ソフトカバー) - 2021/5/7
志田 淳二郎(著)

■ **インテリジェンス用語事典** 単行本 - 2022/2/10
樋口 敬祐(著)、上田 篤盛(著)、志田 淳二郎(著)、川上 高司(監修)

■ **「帝国」ロシアの地政学(「勢力圏」で読むユーラシア戦略)**
小泉 悠 | 2019/6/26

■ **現代ロシアの軍事戦略(ちくま新書)**
小泉悠 | 2021/5/21

■ **みんな大好き陰謀論** 単行本(ソフトカバー) - 2020/7/4
内藤 陽介(著)

■ **誰もが知りたい Qアノンの正体 みんな大好き陰謀論 II** 単行本 (ソフトカバー) - 2021/5/25
内藤 陽介(著)

■ **超限戦 21世紀の「新しい戦争」(角川新書)** 新書 - 2020/1/10
喬良(著)、王湘穂(著)、坂井 臣之助(監修)

■ **プーチンの「超限戦」 — その全貌と失敗の本質(ワニプラス)**
単行本(ソフトカバー) - 2022/11/24
渡部 悦和(著)、佐々木 孝博(著)、井上 武(著)

■ **日本を救ったリフレ派経済学**
原田 泰 | 2014/11/1

■ **経済学者たちの闘い — 脱デフレをめぐる論争の歴史**
若田部 昌澄 | 2013/4/1

■ **21世紀の財政政策 低金利・高債務下の正しい経済戦略** 単行本 - 2023/3/18
オリヴィエ・ブランシャール(著)、田代毅(翻訳)

■ **決定版 大東亜戦争 (上) (下) (新潮新書)** 新書 - 2021/7/19
波多野 澄雄(著)、赤木 完爾(著)、川島 真(著)、戸部 良一(著)、松元 崇(著)

■ **日本はなぜ敗れるのか — 敗因 21ヵ条(角川 one テーマ 21)** 新書 - 2004/3/10
山本 七平(著)

■ **情報なき国家の悲劇 大本営参謀の情報戦記(文春文庫)**
堀 栄三 | 1996/5/10

■ **大東亜戦争とスターリンの謀略 — 戦争と共産主義(自由選書)** 単行本 - 1987/1/1
三田村 武夫(著)

■ **日本分断計画 (ビジネス社)** 上念司

■ **日本分断計画Ⅱ (ビジネス社)** 上念司

じょうねん・つかさ

1969年、東京都生まれ。中央大学法学部法律学科卒業。在学中は創立1901年の日本最古の弁論部・辞達学会に所属。日本長期信用銀行、臨海セミナーを経て独立。2007年、経済評論家・勝間和代氏と株式会社「監査と分析」を設立。取締役・共同事業パートナーに就任（現在は代表取締役）。2010年、米国イェール大学経済学部の浜田宏一教授に師事し、薫陶を受ける。金融、財政、外交、防衛問題に精通し、積極的な評論、著述活動を展開している。

構成 藤村はるな
デザイン 塚原麻衣子
DTP 株式会社 Sun Fuerza

経済で読み解く地政学

発行日　2023年8月4日　初版第１刷発行

著者……………………… 上念 司
発行者…………………… 小池 英彦
発行所…………………… 株式会社 扶桑社
〒105-8070 東京都港区芝浦1-1-1 浜松町ビルディング
電話：03-6368-8870（編集）
03-6368-8891（郵便室）
www.fusosha.co.jp
印刷・製本……………… サンケイ総合印刷株式会社

Printed in Japan
ISBN 978-4-594-09519-2